邯郸学院学术著作出版基金资助

2022 年度河北省思想政治工作研究课题重点资助课题《立足"十四五"新发展阶段河北省高校青年思想引领模式创新研究与实践》（课题编号：HBSZKT-2022012）研究成果。

2022 年度河北省社会科学发展研究课题《突发公共事件应急管理研究》（课题编号：20220202032）研究成果。

高校贫困生就业帮扶机制研究

胡利娜　逯艳艳　刘叶娜◎著

中国原子能出版社

图书在版编目（CIP）数据

高校贫困生就业帮扶机制研究 / 胡利娜，逯艳艳，
刘叶娜著． -- 北京：中国原子能出版社，2022.10
　　ISBN 978-7-5221-2211-3

　　Ⅰ．①高… Ⅱ．①胡… ②逯… ③刘… Ⅲ．①高等学
校－特困生－就业－研究－中国 Ⅳ．① G647.38

　　中国版本图书馆 CIP 数据核字（2022）第 194672 号

高校贫困生就业帮扶机制研究

出版发行	中国原子能出版社（北京市海淀区阜成路 43 号　100048）
责任编辑	杨晓宇
责任印制	赵　明
印　　刷	北京天恒嘉业印刷有限公司
经　　销	全国新华书店
开　　本	787 mm×1092 mm　　　1/16
印　　张	12.25
字　　数	213 千字
版　　次	2022 年 10 月第 1 版　　2022 年 10 月第 1 次印刷
书　　号	ISBN 978-7-5221-2211-3　　定　价 72.00 元

作者简介

胡利娜 女，硕士研究生，中共党员，邯郸学院校团委书记，全国青年讲师团成员、河北省青年讲师团成员、邯郸市青年讲师团团长，省青少年理论研究会副秘书长、常务理事。先后获评全国优秀共青团干部、省"冀青之星"特别奖、省优秀共青团干部、省高校教师教学基本功大赛一等奖、省志愿服务先进工作者等 20 余项国家级、省级荣誉。带领集体连续三年获评河北省"十佳高校团委"，获全国首批优秀传统文化传承基地、全国优秀国学社团等省级以上集体荣誉 80余项。负责工作与本人宣讲被国家级平台《学习强国》，中央广播《中国之声》《新闻和报纸摘要》，《河北新闻联播》，团中央官微等主流媒体报道60 余次。

逯艳艳 女，汉族，1978 年出生，邯郸市肥乡区人，本科，学士，研究方向为大学生健康教育、思想教育。任邯郸学院后勤管理处副处长，负责学校疫情防控、大学生健康教育、大学生思想教育、传染病预防、公共卫生。承担全校师生核酸检测、新冠疫苗接种、日常健康监测、环境消杀和上报数据等工作。组织开展新生入学健康教育讲座和红十字志愿服务。被河北省和邯郸市红十字会授予优秀志愿者、邯郸市教育系统抗疫先进个人等荣誉。

刘叶娜　女，1987 年 2 月出生，汉族，河北阜城人，硕士研究生。任邯郸学院专职辅导员、讲师，主要研究方向为教育管理和大学生思想政治教育。负责大学生的思想政治教育、日常事务管理、就业指导、心理健康以及学生党团建设等方面工作。2014 年 3 月至今在邯郸学院教育学院工作。曾获邯郸市优秀共青团干部，邯郸学院先进德育工作者、优秀辅导员、师德标兵、优秀共产党员等荣誉称号。

前　言

　　青年，尤其是高素质的青年对于一个国家而言是宝贵的财富，同时他们也是一个民族未来发展的希望。随着我国教育事业的普及，越来越多的贫困生获得了进入高校受教育的机会，这不仅是我国社会主义制度给他们带来的机遇，同时也是他们刻苦努力的结果。这些贫困生十分珍惜在高校学习的机会，同时他们也坚信知识改变命运，他们期望用所学的知识回报社会。但是高校贫困生在求学过程中深受经济困难的影响，故而在求学路上十分艰辛。从某种意义上讲，高校贫困生是一个特殊的群体，也是现阶段人们关注的社会群体之一，加强对高校贫困生就业帮扶机制的研究具有十分重要的意义。

　　本书内容共分为八章。第一章为高校贫困生概述，介绍了高校贫困生的产生和界定、高校贫困生的主要来源和高校贫困生的发展现状；第二章为高校贫困生相关研究，内容包括高校贫困生的规模、高校贫困生问题的成因、高校贫困生的特征和高校贫困生的认定；第三章为高校贫困生资助体系，论述了高校贫困生资助体系的理论探讨、高校贫困生资助体系的政策评价、高校贫困生资助体系的政策思考；第四章为高校贫困生职业价值观，主要内容为职业价值观概述、我国高校学生职业价值观的特点、高校学生职业价值观调查问卷的编制和高校贫困生职业价值观的现状分析；第五章为高校贫困生就业基础理论，内容为高校学生就业政策的变迁与巩固、高校贫困生就业竞争力的 SWOT 分析、高校贫困生就业现状及影响因素分析和高校贫困生就业准备评估方案；第六章为高校贫困生就业指导与服务，内容为就业指导和就业服务概述、我国现有的就业指导服务政策规定、高校贫困生就业指导的模式与特点、高校贫困生就业指导的原则和意义以及高校贫困生就业指导的行动方案；第七章为高校贫困生就业帮扶深入分析，介绍了高校贫困生就业援助的必要性、高校贫困生就业扶助体系的构建和促进高校贫困生就业公平的政策选择；第八章为高校贫困生就业资助的运行机制，主要论述了高校贫困生就业资助机制的现状与成效、高校贫困生就业资助机制的问题以及高校贫困生就业资助机制的优化对策。

在撰写本书的过程中，徐晓肆博士对书稿结构安排及部分章节的撰写提出了宝贵意见。作者得到了许多专家学者的帮助和指导，参考了大量的学术文献，在此表示真诚的感谢。本书内容系统全面，论述条理清晰、深入浅出，但由于作者水平有限，书中难免会有疏漏之处，希望广大同行批评指正。

作者

目　录

第一章 高校贫困生概述

随着我国高校教育的普及，近年来高校在全国范围内扩招，在这样的大环境下，越来越多的贫困学生获得了进入高校深造的机会，高校贫困生问题也逐渐成为人们关注的主要问题之一。本章主要从高校贫困生的产生和界定、高校贫困生的主要来源以及高校贫困生的发展现状三个方面阐述了高校贫困生的基本情况。

第一节 高校贫困生的产生和界定

一、高校贫困生的产生

中华人民共和国成立之初，虽然我国社会经济发展落后，大部分人没有摆脱贫困，但是我国政府十分重视高等教育，因此采取了"免费上大学＋人民助学金"的教育制度，所谓的人民助学金是指国家为在校学习的贫困大学生提供资金帮助，帮助他们完成学业，而国家对贫困生的帮助是无偿的，不需要学生偿还。1977 年 12 月 17 日，中国教育部、财政部印发《关于普通高等学校、中等专业学校和技工学校学生实行人民助学金制度的办法》规定：研究生、高等师范、体育和民族学院学生，以及中等师范、护士、助产、艺术、体育和采煤等专业学生一律享受人民助学金，享受比例按 100% 计算。其他高等院校、中等专业学校和技工学校的学生，享受助学金的比例按 75% 计算。从我国高等教育发展历程来看，1983 年之前我国高等教育都是免费的。在这个时期，人民助学金是资助高校贫困生的主要方式，同时它也是一个普遍的学生福利制度。但是在 20 世纪 80 年代之后，我国加快了高校助学金制度的改革，资助比例逐渐下降，从而导致越来越多的学生无法享受人民助学金。1983 年 7 月 1 日，教育部、财政部颁发《普通高等学校本科、专科学生人民助学金暂行办法》规定：人民助学金分为职工人民助学金和一般人民助学金。连续工龄满 5 年以上国家职工被录取为普通学校本、专科生后，全部享受职工学生人民助学金。煤炭、矿业、地质、石油院校学生按 80% 比例享受一般人民助学金。其他各类院校学生按 60% 比例享受一般人民助学金，对于高等学校中的体育、航海、舞蹈、戏曲、管乐专业，水产院校中的海洋捕捞、轮机专业和刑警院校的学生，不论是否享受人民助学金，加发 40% 以内的专业伙食补助，由学校控制并保证用于这些专业学生的伙食之中。

20 世纪 80 年代中期之后，我国高等教育制度发生了一定的变化，并出现了委培生、代培生以及自费生三种制度。中共中央于 1985 年颁布了《关于教育体制改革的决定》，这个决定拉开了我国教育投资体制改革的序幕，并逐渐形成了多渠道、多元化筹措教育经费的政策。1987 年，国家教委及财政部颁发了《普通高等学校本、专科生实行奖学金制度的办法》和《普通高等学校本、专科生实行贷学金制度的办法》，这两项政策的颁布，标志着奖学金制度及学生贷款制度在全国高校推广开来，也正是这两个政策的颁布，标志着人民助学金被废止。此外，1989 年国家教委和国家物价局共同制定了关于高校学生学杂费和住宿费收取的方法，至此免费上大学的高校教学体制被取消，我国也踏上了有偿上大学的改革之路，此后随着我国高校教育体制改革的深入开展，师范院校等特殊高校的免费政策也陆续终止。之后数年，学费和住宿费几乎逐年上涨，由 1989 年的 120 元 / 年，上升到 2000 年的 4500~5000 元 / 年，增长 38~40 倍。到 2013 年，大学生学费和住宿费已经上升到 8000~9000 元 / 年，部分热门专业的大学生学费和住宿费已经上升到 11 000~13 000 元 / 年，独立学院热门专业大学生的学费和住宿费已经超过 20 000 元 / 年。

1985—1996 年，是我国高等教育发展的黄金时期，同时也是高等教育变革的关键时期。在此期间，我国先后召开了三次全国教育工作大会，在会中主要讨论了在全国范围内开展教育改革，并对高等教育模式进行了改革，废除了免费加助学金的教育模式，并在此基础上逐渐实行收费加奖学金、贷学金的高等教育模式。其中奖学金是国家政府部门专门为学习成绩好、品德优秀的学生准备的，从性质上来讲，它不属于对学生的资助，而属于一种政策性导向。贷学金是国家为家庭贫困学生提供的一种无息贷款，只有那些家庭真正贫穷且无法支付高校教育费用的学生才可以申请，通常情况下享受国家贷款学生的比例有一个标准，即国家招生人数的 30% 以内。一般情况下，这种贷学金由高校统一筹措、发放、回收，但是由于这种贷学金的回收难度较大，在 1999 年之后国家便对这种贷学金进行了改革，改由银行出钱发放助学贷款。

因此，在 20 世纪 90 年代之前，人们不需要为上学花费钱财或是花费很少的钱财，学生的生活就不会有太大的困难，这样学生也可以顺利在大学进行深造。然而在 20 世纪 90 年代中期之后，大学生的经济状况出现了一定的问题，尤其是在 20 世纪末期，一些大学生因学费问题而上不起大学①。

2007 年，我国重新出台了经修改、补充和完善的国家助学政策。财政部和教育部联合下发了 4 个有关国家奖助学金的政策性文件，即《教育部、财政部关于认真做好高等学校家庭困难学生认定工作的指导意见》（教财〔2007〕8 号）、《财政部、教育部关于印发〈普通本科高校、高等职业学校国家奖学金管理暂行办法〉的通知》（财教〔2007〕90 号）、《财政部、教育部关于印发〈普通本科高校、高等职业学校国家励志奖学金管理暂行办法〉的通知》（财教〔2007〕91 号）、《财政部、教育部关于印发〈普通本科高校、高等职业学校国家助学金管理暂行办法〉的通知》（财教〔2007〕92 号）。这

---

① 李从松 . 大学贫困生贫困的经济分析与对策研究 [D]. 武汉：华中科技大学，2002.

些政策文件明确规定了我国国家奖助学金的基本类型、资助标准、资金来源、管理机构和资助对象等，有利于高等教育机会均等局面的形成。

二、高校贫困生的界定

高校贫困生的界定有如下几种：顾春雨认为贫困大学生是指普通高校中，由于家庭经济贫困，其基本生活费用难以达到学校所在地政府规定的最低生活保障线，没有能力缴纳学费，日常生活没有保障的大学生[①]。陶传谱认为，贫困大学生是指上学时负担不了学校所规定的各项费用或上学后难以维持正常的学习和生活费用的大学生[②]。韩永清认为，贫困大学生是指经济上无法缴纳学费和维持学校所在地的一般生活水平的高校学生[③]。周正等认为，贫困大学生是指由于家庭经济困难无力支付或支付教育费用很困难的学生[④]。黄春杰认为，贫困大学生是指国家招收的普通高校本专科学生在校期间基本生活费用难以达到学校所在地最低伙食标准，且无力缴纳学费及购置必要学习用品，日常生活没有经济保障的大学生[⑤]。马晓春认为，贫困大学生是指那些家庭及家庭的支持者不具备支持其完成学业的现有能力和潜在能力的一部分大学生[⑥]。谢树玉等对贫困大学生的定义为：在中国的每一所大学，几乎都存在这样一个特殊的群体，他们除了紧张地学习，还得为学费、为养活自己而奔波。走进教室，他们是大学生；走出校门，他们是打工族。他们挣回了养活自己的钞票，也积攒着别人不曾有的经历和体验。他们吃着最便宜的饭菜，

---

① 顾春雨.高等教育大众化与贫困大学生解困 [J].南宁：广西大学学科哲社版，2000（4）：64-65.

② 陶传谱.贫困大学生心理健康初探 [J].湖北社会科学，2003（6）：104.

③ 韩永清.高校特困生心理问题调查及对策研究 [J].山西高等学校社会学科学报，2002，（9）：105.

④ 周正，周佳.关于高校收取学生费用的相关问题探讨 [J].哈尔滨师专学报，2001（2）：116.

⑤ 黄春杰.浅淡高校特困生及其解困工作 [J].教育科学，1999（2）：53.

⑥ 马晓春.高校特困生问题及其解困工作初探 [J].内蒙古师范大学学报，2002（3）：17.

穿着最不入流的服装，却也是校园里学习最刻苦的一群学生。他们被称为贫困大学生①。本书将无力支付学费的、支付学费后无力支付生活费的，以及无力支付学费同时又无力支付其他学习费用及生活费用的大学生界定为贫困大学生。

第二节　高校贫困生的主要来源

一、中西部欠发达地区

从地域上来看，我国大部分的贫困生主要分布在中西部欠发达地区。中华人民共和国成立之后，我国社会经济得到了全面的发展，人们的经济生活水平逐渐提升，但是由于我国国土面积大，各个地区的经济基础及发展速度不同，此外还受自然地理环境的影响，造成东部沿海地区经济发展迅速，中西部地区经济发展速度缓慢，尤其是中西部的革命老区，这些地方受自然地理环境因素的影响，经济发展缓慢。这些地方的学生如果想要去经济发达的城市上大学，就会受学费、生活费等因素的制约，而大部分的家庭无法承受这样的经济负担，导致这些地区成为贫困生的主要来源地。另外，如果这些地区的大学生遇到重大家庭问题，如家庭成员发生重大疾病、家庭劳动力丧失经济来源等，他们就会成为名副其实的特困生。

二、农村地区

从城乡二元经济结构上来看，农村地区的经济发展比较落后，因此农村地区也成为贫困生的主要来源地。所谓的城乡二元经济主要指的是政府借助超经济的手段来干预城乡经济的发展，并使二者朝着不同的发展方向前行，其中城市以工业发展为主，农村以农业发展为主，在这样的经济发展环境下，

---

① 谢树玉，等. 困难学生自尊自立自强教育研究 [J]. 教育财会研究，2002（5）：31.

城市经济得到快速的发展，而农村经济发展相对缓慢。由于受传统城乡行政建制的固有影响，在当代中国形成了城乡隔离的二元社会，尤其是城乡隔离二元结构下的户籍制度制约着城乡差距的缩小。我国城乡二元经济结构的存在，影响着农村经济的发展和农民收入的提高，农村的发展速度一直慢于城市，使得来自农村的高校贫困生远远多于来自城市的高校贫困生。

三、离异家庭

离婚率指的是某一地区在某一时间段内的离婚人数与总人数的比例关系。一般情况下，离婚率主要采用的是千分率表示方式，即离婚率＝（年内离婚次数／年平均总人口）×1000‰。从当前我国民政部所公布的离婚数据来看，现阶段我国的离婚率呈上升趋势。当父母离婚之后，大学生往往就变成了单亲，从某种程度上来讲，父母离婚也会在无形中导致贫困大学生的产生。

四、下岗失业家庭

企业职工下岗势必会导致一部分家庭成为低收入家庭，这在极大程度上削弱了大学生的经济来源，从而产生了贫困大学生。父母下岗失业也是造成贫困大学生群体越来越庞大的重要原因。

五、发生天灾人祸的家庭

此外，当前社会上还存在一些原本家庭经济状况较好的大学生，但由于天灾人祸等因素的影响，如父母发生车祸或在地震中伤亡等，给家庭财产带来了巨大的损失，在这种情况下，大学生突然成为贫困生。从某种意义上来讲这部分大学生属于贫困大学生中的特殊群体，由于受突发因素的影响，他们往往会产生心理阴影，这对他们的生活、学习和就业产生了极大的影响。因此，我们应当给予此类贫困生大学更多的关注。

第三节　高校贫困生的发展现状

一、高校贫困生在学习方面的状况

一般情况下，高校贫困生的学习呈现两极分化的状况：一部分贫困生发愤图强，刻苦学习，希望通过学习知识改变自身的命运，这部分学生的学习成绩较好；另一部分贫困生受压力的影响，自暴自弃，整日沉迷于网络，这部分学生的学习成绩并不是很好。"经济贫困导致贫困生机会缺乏，影响贫困生各种技能的发展，进而陷入新的贫困循环。"[①] 在经济因素的影响下，大部分贫困生的学习成绩并不是很理想，只有个别贫困生的学习成绩较好。虽然贫困生在学习中花费的时间比普通学生多，但是受心理因素的影响，他们在学习过程中遇到的问题也比较多，因此他们的学习成绩并不是很突出。

高校贫困生学习成绩的好坏，不仅受智力因素的影响，同时还受其他因素的影响，如学习基础、学习态度、学习习惯、学习条件等。首先，在学习资源的利用上，贫困生处于劣势地位。一般来讲，越是贫穷的家庭，大学生越是无法很好地获取学习资源，如参加各种培训班、购买学习资料等。其次，经济上的压力对大学生的学习产生了一定的影响，使他们认为无法摆脱经济贫困的梦魇。最后，在高校教学中，实践环节对于大学生而言有十分重要的意义，它不仅可以提升大学生的综合素质水平，同时也会为大学生就业打下坚实的基础。但是由于经济因素的影响，他们在高校学习期间往往处于一个狭窄、封闭的环境之中，很少与外界沟通，所以他们的语言表达能力和沟通能力有所缺乏，在一定程度上出现了社会性贫困的现象。通常情况下，大学生的实践活动是自发组织的，因此时间和经济条件变成了限制高校贫困生参

---

① 黄钢威，刘恒新.高校学生反贫困策略的新视野 [J].四川师范大学（社会科学版），2011（01）：97-99.

加实践活动的主要因素，这在一定程度上也限制了他们的成长。大学生参加学校的一些社团活动，如旅行社团、话剧团、摄影协会等，需要建立在一定的经济基础上之上，所以高校的这些社团无形中将贫困生关在门外。当然高校中也有一些社团对经济条件的要求较低，如读书会、学生会等，但是其活动的开展往往与贫困生勤工俭学的时间冲突，因此他们便放弃了参加这些社团的机会。

二、高校贫困生在生活方面的状况

由于家庭经济因素的影响，贫困生的生活一般较为拮据，经常会陷入窘境。与其他学生相比，贫困生十分关注一日三餐上的支出，为了节省开支，一些贫困生常常处于饥饿的状态，同时他们也很少吃水果、副食、肉类，饮食不合理，从而导致营养不良。大学贫困生的身体健康状况一直为人们所关注，由于饮食不合理，大部分贫困生的身体状况下降，一些贫困生还出现了生理和营养性疾病。此外，一些贫困生为了节约开支，在生病之后舍不得去医院。总而言之，我国高校贫困生的生活状况并不是很乐观。

三、高校贫困生在心理方面的情况

从整体上来看，我国贫困大学生的心理健康状况比较好，大部分的大学贫困生都表现出积极、乐观、向上的心理，具体表现在以下几个方面：第一，报效国家的心理。贫困大学生在高校学习过程中，受国家的资助，从而获得了与其他人同等的受教育的机会，因此他们对自己的前景充满信心，并立志用所学的知识造福社会，回报国家。第二，造福家乡的心理。没有人比贫困大学生更加清楚贫困给家乡造成的影响，所以他们心系家乡的老百姓，立志用自己所学的知识造福家乡的百姓，因此在毕业之后，他们放弃了大城市的高薪工作，回到家乡，为家乡作贡献。第三，勇于竞争的心理。贫穷虽然给贫困生带来了一定的困扰，但是这样的环境也造就了他们坚韧不拔的品质。

在这种人格品质的作用下，他们在进入高校之后便养成了勤奋好学、积极拼搏的性格。此外，他们在面对就业压力时，将压力转换为动力，并主动出击，积极求职。

当然我们也不能否认高校中部分贫困大学生存在不同程度的问题，其中主要表现在以下几个方面。

（1）自尊而又自卑

一般情况下，自卑是贫困大学生的首要心理问题。有这种心理问题的贫困大学生情绪低落，他们不喜欢与其他同学交往，喜欢独处，同时他们也不愿意在公共场合抛头露面。自尊与自卑是一对矛盾的心理，通常情况下，一个人的自尊心越强，他的自卑心也就越重。一般而言，贫困大学生争强好胜的心理比较突出，他们对其他人的看法、态度十分敏感，此外当贫困大学生身处在一个陌生的环境之中时，不同的价值观念和悬殊的生活水平会对他们产生强烈的刺激，久而久之，他们身上拼搏奋斗的积极心理会发生不同程度的扭曲，最终形成自尊又自卑的双重性格。

（2）逆反和偏激的心理

众所周知，社会在发展过程中势必会存在不公平的现象，而部分贫困大学生会将在生活中遇到的不幸统统归结于社会。此外，在高校教学过程中，一些教师习惯使用命令的口吻教学，加之部分教师的教学方法并不是很合理，从而使贫困大学生对正向的教育产生了反感，并产生了逆反心理。带有逆反心理的学生，往往也会片面地看待教师和同学对自己的帮助，从而与老师和同学产生误会。另外，具有逆反心理的贫困大学生也时常与教师、同学发生冲突，以此来发泄自己心中的不满。从整体上来讲，具有逆反心理的贫困大学生内心比较脆弱、自尊心较强，同时他们看待问题的角度比较片面，喜欢钻牛角尖，因此做事情容易走入极端。

（3）渴望交往却又自我封闭、冷漠

渴望交友是大学阶段学生的普遍特点，贫困大学生也不例外，但是他们在与人交往时又怀疑他人的真诚。在与别人交往的过程中，他们存在矛盾的心理，一方面极力掩饰自己的贫穷，另一方面又想得到他人的关心与帮助。在面对挫折时，贫困大学生往往觉得十分无助，没有挑战困难、战胜困难的勇气，失去了生活的积极性和主动性，并在生活中以退缩、逃避的方式面对各种问题。

（4）焦虑、抑郁心理

贫困大学生的家庭负担比较重，同时他们的思想压力也比较大，因此他们的精神长期处于焦虑的状态。他们整日为生活费、学费的事情担忧，又担心无法报答父母的养育之恩，此外他们在日常生活中也经常受学习方法与学习成绩的煎熬，在多方面因素的影响下，他们的内心容易产生焦虑。此外，由于长时间的自我压抑，他们的情绪并不是很高，对周围的人和事缺乏兴趣，长此以往对贫困大学生的思想与学习产生了重要的影响。

（5）错位的嫉妒心理

贫困大学生的内心比较脆弱，他们害怕其他人的怜悯，在这种心理的作用下，他们产生了较强的嫉妒心。在嫉妒心理的作用下，他们认为自己并不比其他人差，甚至在某些方面比其他人还要优秀，只是因为家庭条件，从而比别人低一等，因此他们的内心十分不平衡。当看到其他人在享受优越的物质生活时，他们不仅仅羡慕别人，同时还在内心深处产生了强烈的嫉妒心，尤其是在面对一些在他们面前彰显优越感的人时，他们会产生极大的不满，甚至会出现憎恨的心理。

（6）出人头地和急功近利的心理

由于长时间受贫穷的影响，贫困大学生十分珍惜当下的学习机会，所以他们的学习积极性很高，部分贫困大学生产生了急于求成的心理，想在短时间内将大学期间的课程学完。此外，在贫穷的影响下，部分贫困大学生认为金钱十分重要，认为金钱是万能的，在这种心理的作用下，他们渴望获得更好的物质生活，同时他们也经常会产生一些不切实际的想法和攀比心理。

四、高校贫困生在人际交往方面的表现

贫困生不愿与人交往的主要因素是自卑、羞怯等等。贫困生来源地环境相对单纯，人际关系相对简单朴实，沟通相对比较容易。贫困生与异性交往的焦虑感受明显高于非贫困生。一般情况下，影响贫困大学生与异性交往的原因主要是自身经济条件差，此外还有性格方面的原因，而非贫困大学生的主要原因是学习和相貌等。

人际交往能力是指进行人际交往活动时，影响人际交往活动的效率和保证人际交往顺利进行的个性心理特征。一般情况下，社会焦虑是贫困大学生在人际交往过程中表现出来的普遍心理问题，具体表现为紧张、不安、愤怒、悲伤、无望、情绪低落等。贫困大学生社会焦虑心理的产生与其自身的效能感有紧密的联系，所谓的自我效能感主要指的是人对自身完成既定目标所需的行动过程的组织和执行能力的判断。鉴于自我效能感与人际交往能力、社会焦虑之间的关系，我们可以通过人为干预来提升贫困大学生的自我效能感，从而减少他们在人际交往过程中的焦虑，进而提升他们的人际交往能力。通常情况下，人的自我效能作用的发挥需要经过认知、情感、动机与选择四个过程，而人际交往中个性心理特征的形成，即情感特征、能力特征、气质特征的形成需要通过主体的认知过程、情感过程以及行为过程形成。贫困生在人际交往中所获得和具有的掌握性经验、替代经验、言语劝说、情绪与生理状态、评价等都是具有影响力的效能因素，人际交往为提高贫困生自我效能感奠定了基础，而增强自我效能感可以提高其人际交往能力。

五、高校贫困生在就业方面的现状

受经济条件的制约，贫困大学生具有保守的择业心态。贫困大学生的家庭经济负担较大，一些贫困大学生在上学期间便身负债务。因此他们在毕业

之后不愿意承担更大的风险，在择业方面表现出求稳的心态，他们的择业范围和择业方向受到极大的限制。

梦想与现实的反差使贫困大学生产生巨大的心理挫伤。大学生正处于青春期阶段，虽然他们的心理得到较快的发展，逐渐趋于成熟，但是依然处于不成熟阶段，具有明显的理想化特征。一些贫困大学生极力希望通过学习改变自己的命运，想要实现一跃跳龙门的梦想，但是现实中，贫困大学生的就业形势并不是很乐观，他们在高校学习期间制订的各种计划与目标往往受多方面因素的影响，他们的个人理想很难实现，这给他们带来了沉重的挫败感。

陈旧的观念影响了贫困大学生的就业。在前文中我们讲到贫困大学生希望通过接受高等教育来改变自己的命运，其父母同样也希望他们可以接受更好的教育，同时对他们寄托了更高的期望。但是教育成本对于贫困家庭而言是一项不小的开支，因此在贫困大学生毕业之后，父母希望他们可以快速产生经济回报，所以父母希望自己的孩子可以去大企业、政府机关等福利待遇较好的企业工作，而不愿意自己的孩子到偏远的地方打工，这在无形中提升了贫困大学生的就业难度。

能力欠缺加重了贫困大学生的心理负担。随着我国高等教育事业的快速发展，企业对人才的综合素质水平以及工作质量有了更高的要求，这在一定程度上也给贫困大学生造成了压力。大部分贫困生在学习期间将时间和精力放在了兼职工作上，忽略了个人职业技能的培养，所以他们担心毕业后无法胜任工作岗位。

社会不正之风使贫困大学生失去了心理平衡。贫困大学生将所有的希望寄托于高等教育，他们希望通过自己的努力来改变命运，然而在现实社会中，贫困大学生的关系资源以及信息资源匮乏，因此他们在竞争中处于劣势。例如，在毕业时，贫困大学生手中所掌握的资源明显少于普通大学生手中的资源，尤其是经济条件较好的家庭，他们往往有更多的社会资源，他们可以利用这些资源为子女提供更多的就业机会，而贫困大学生主要来自贫困山区，家庭无法为他们提供相应的就业信息，这也限制了贫困大学生就业。

第二章　高校贫困生相关研究

本章主要内容为高校贫困生相关研究，从四个方面进行了详细的介绍，分别是高校贫困生的规模、高校贫困生问题的成因、高校贫困生的特征和高校贫困生的认定。

第一节　高校贫困生的规模

近十几年来，随着高校招生全面并轨，尤其是近年来我国高校扩招的步伐加快，高等教育的收费标准也明显提升，在这样的大环境下，高校贫困大学生的人数与比例也逐渐提升。截至目前，我国贫困大学生人数到底有多少，规模有多大？这是一个让人困惑的问题，当前我国各高校对贫困生的定位标准并不统一，此外高校也未对贫困生人群形成定量管理模式，因此我国并没有关于贫困大学生的准确统计数据。截至 2004 年 8 月 4 日，我国高校在校生中的贫困生比例约为 20%，特困生比例为 8%。据中国扶贫基金会对 4 省区 20 所高校的调查，农、林、师范类学校贫困生比例超过 30%，特困生比例超过 15%。如果按 2004 年高校在校学生 1900 多万人计算，高校贫困生人数达 380 万，如果考虑西部和农、林、师范类学校的特点，高校贫困生人数应该在 400 万左右。

教育部在 2010 年 8 月 12 日举行的 2010 年第 10 次新闻通气会上公布了全国普通高等学校家庭经济困难学生情况。2009 年，全国普通高校在校生总人数 2285.15 万人，其中，家庭经济困难学生人数 527 万人，占全部在校生总人数的 23.06%；家庭经济特别困难学生人数 166.1 万人，占全部在校生总人数的 7.27%。中央部属高校在校生总人数 251.72 万人，其中，家庭经济困难学生人数 55.3 万人，占比 21.96%；家庭经济特别困难学生人数 18.2 万人，占比 7.23%。教育部直属高校在校生总人数 197.09 万人，其中，家庭经济困难学生人数 43.4 万人，占比 22.02%；家庭经济特别困难学生人数 13.9 万人，占比 7.05%。地方高校在校生总人数 2033.43 万人，其中，家庭经济困难学生人数 471.7 万人，占比 23.2%；家庭经济特别困难学生人数 147.9 万人，占比 7.27%。

截至 2016 年年底，我国高校学生人数达到了 2285.15 万，贫困大学生的人数再创历史新高，高达 527 万，占高校学生总人数的 23.06%，在这其中有 166.1 万名学生的家庭条件很差，占高校学生总人数的 7.27%，而高校贫困大学生的生存状况也让人十分担忧。

贫困大学生为了减轻来自生活费、学费的压力，他们不得不申请奖学金、申请勤工俭学、进行校外兼职等，而这在无形中减少了贫困大学生的学习时间，也降低了他们的学习效率。除此之外，贫困大学生受家庭、社会以及个人等因素的影响，在就业过程中也会遭到不同程度的歧视。

第二节　高校贫困生问题的成因

我国高校贫困生的问题并不是突然出现的，但是它出现在社会大众面前，并成为社会关注的热点问题是在 1994 年，这一年我国高校实行了收费制度。在计划经济体制环境下，无论是人们的生活费用还是教育费用都是由国家负责，因此大学生的家庭贫困问题无法走入人们的视野，也不会成为社会焦点问题。但是在高校实行收费制度之后，大学生每年需要缴纳各种类型的费用，如学费、住宿费、书本费、生活费等，这些费用加起来少则六七千，多则上万，许多家庭困难的学生难以承担。

从本质上来讲，我国高校贫困生问题的产生是我国社会、经济以及教育发展过程中各种局限性的反映，原因也有很多种。

一、经济根源

（一）区域发展不平衡

在上文的分析中，我们提到现阶段我国高校贫困生主要集中在西部地区，这主要受我国地区经济发展因素的影响。众所周知，我国是一个幅员辽阔的国家，各个地区之间的自然环境以及历史发展都有所不同。受改革开放的影响，我国东部沿海地区的经济发展速度远远超过了西部地区。虽然我国西部地区拥有丰富的自然资源，但是西部地区深受地理环境因素以及经济因素的影响，教育水平比较落后。经济因素对当地的教育发展有一定的影响，而教育水平又会反过来作用于当地的经济发展，所以形成了越是贫困的地区生产力水平越低的局面。虽然国家启动了西部大开发计划和扶贫攻坚计划，西部地区与东部地区之间的经济发展差距在逐步缩小，但受困于自然、历史条件等的制约，西部地区的经济发展仍有很长的路要走。

我国西部地区的贫困生大都出自农民家庭，虽然我国社会经济得到了全面的发展，人们脱离了贫困，但是面对高额的教育费用时，部分家庭依然无力承担，如果这些学生前往经济发展较好的城市上学，那么家庭的负担就会增加，家庭不仅要承担高额的教育费用，同时还要承担学生的日常支出。

（二）产业结构调整

从 20 世纪 70 年代末起，我国开始进入改革开放时期，社会经济发展也进入了转型期。转型期的中心任务是建立社会主义市场经济体制，使市场在国家宏观调控下对资源配置起基础性作用。这种转型，既体现在制度方面，也体现在结构方面。它既能为经济带来新的活力，又将对原有的社会秩序形成强大的冲击。经济运行中竞争机制的逐步增强，必然导致对低素质者的排斥；社会福利制度的改革，必然导致对弱者保护程度的降低。这种变化与自然、历史等因素交叉，造成了一部分人处于不利的社会地位，陷入了贫困的境地。

从我国社会经济发展的历程来看，城镇贫困问题是当前社会经济发展的必然产物。随着经济全球化的深入发展，世界各国的失业人数在不断增加。我国城镇贫困问题并没有出现在国家经济萧条时期，而是出现在国家经济高速发展时期。我国城镇贫困问题是社会经济转型的产物。随着我国市场经济的深入开展，企业之间的竞争也越来越激烈，一些竞争能力较差的企业，无法承受市场竞争的压力，走向破产，大量的企业职工失业。此外，随着我国企事业单位改革的深入开展，一大批职工下岗，从而导致家庭的收入下降。此外，还有一些工人由于文化素质并不是很高，因此在激烈的竞争中被企业淘汰。目前，这些下岗人员中的部分人员居住在城镇，他们的再就业难度较大，许多人需要依赖政府的最低生活保障金来维持生活，这样的家庭很难承担大学生的学费。从某种意义上来说，城市贫困人群的贫困程度和所面临的形势比农村一般贫困家庭更加严峻。这些贫困家庭的出现是高校贫困生增多的一个重要原因。

二、社会根源

（一）社会贫富差距

从某种意义上来讲，贫富差距是世界各国的普遍问题，在任何性质及任何阶段的国家都存在不同程度的贫富差距问题，尤其在西方发达国家，贫富差距更为明显。贫困人口的客观存在是所有国家历史性和社会性的必然。目前，我国的贫富差距不仅具有时代性，同时拥有世界其他国家贫富差距所具有的普遍性特点。我国作为世界上最大的发展中国家，由于国土面积广阔，加之人口基数大，因此我国是世界上控制贫富差距困难最大的国家之一。

（二）城乡二元社会经济结构

从某种意义上来讲，城乡二元经济结构的存在从根本上限制了城乡贫富差距的缩小，同时也正是在这种社会经济结构环境下，我国农村经济发展受到了极大的制约，农民收入水平也很难得到提升，这也是导致农村经济远远不及城市经济发展速度的重要原因之一。我国大部分的高校贫困生来自于农村，而且集中在经济欠发达的贫困山区。

（三）社会保障体系不健全

所谓的社会保障主要是国家在发展市场经济过程中，为了保证社会安全而建立的制度，其主要目的是弥补市场经济制度中的不足，最大程度上减小由市场经济制度带来的社会不平等的现象，以此缓解市场经济竞争给弱势群体带来的冲击，进而减小社会矛盾。从社会实践上来看，如果一个国家的社会保障制度比较健全，即便是国家存在较大的贫富差距，在各项社会保障制度的影响下，社会问题处理起来也并不是很困难，居民对贫富差距的接受能力也会随之增强。

和西方发达国家相比，我国的社会保障制度还十分滞后，它还只是一种体制转型过程中的产物。目前我国的社会保障体系还存在一些问题，如社会保险管理服务社会化程度不高；社会保障覆盖面太小，实施范围窄，保障项目少；拖欠职工养老金；企业参与医疗保险能力差；等等。社会保障制度的不完善，加大了人们生存和摆脱贫困的难度，使贫困生的家庭有时连基本的生活都无法维持，更无力支付价格昂贵的高等教育费用。

（四）自然因素

通常情况下，自然灾害和地理环境等因素是造成贫富差距的重要原因之一，如当一个地区发生地震、火灾、水灾等自然灾害时，那些原本贫困地区的家庭会雪上加霜，从而导致大量贫困生的产生。此外，居住在偏远山区的居民，生存基础设施差，环境恶劣，收入微薄，也会导致大量贫困生的产生。

三、教育根源

（一）高等教育收费制度与贫困生数量的骤增

20 世纪五六十年代，西方国家的社会经济得到了快速的发展。在人力资本论和教育机会均等论的作用下，许多国家开始实行全新的高校教育模式，一种是免费教育模式，另一种是免费加助学金教育模式。但是在 1969 年至 1979 年期间，全球爆发经济危机，在这种情况下凯恩斯经济理论破产，世界各国面临严重的财政危机，因此政府开始紧缩财政，进而减少了对高等教育经费的投入力度。20 世纪 80 年代之后，西方各国高校开始征收学费，以此来缓解高校扩招给政府带来的财政压力。

1977 年，我国恢复高考制度，并实行免费加助学金、奖学金的高等教育模式。1993 年，中共中央、国务院颁发《中国教育改革和发展纲要》，并对我国高等教育制度进行了改革，在全国范围内正式施行收费制。1994 年，我国开始启动与高校招生并轨改革紧密相连的收费政策改革试点，随着高校教育模式的深入改革，高校免费教育制度正式退出历史舞台。1998 年，颁布了《中华人民共和国高等教育法》，从法律上确定了高校收费制度，这一规定在很大程度上缓解了我国政府在高等教育经费上的紧张状况，对促进我国高等教育制度的发展有十分重要的意义。

自 1994 年我国实行并轨招生，学生缴费上学之后，我国高校贫困生的人数逐年增加，尤其是在 1999 年高校扩招以及高校学费收费标准提升之后，高校贫困生的人数逐渐增加，越来越多的贫困生因学费而出现上学困难的情况。导致我国高校贫困生人数剧增的原因有很多，而并轨招生、缴费上学政策的实施是导致这一现象的主要原因。华中科技大学李从松博士研究认为，社会转型期贫困大学生问题的成因虽然可以从多个角度加以描述，可以从自然环境、经济结构、社会变迁，乃至于系统等多视角予以考证，但是，这一切分析最终都归因于形成自然环境、经济结构、社会变迁、系统的制度因素。

收费制度缺陷是贫困大学生产生的主要原因，理由有四：收费制度的不合理强制性变迁是贫困大学生产生的制度根源；收费标准的制度缺陷是贫困大学生产生的直接原因；收费政策形成机制的不合理性决定了社会公众在与学校的利益冲突中处于弱势地位；以教学成本或日常运行费用作为收费标准的制订依据不合理[①]。

（二）高校扩招与贫困生队伍的扩大

近年来，随着我国高等教育招生规模的扩大和在校生人数的快速增长，高校贫困生的数量也大幅度增加。从 1999 年起，我国高校开始大规模"扩招"，按照当年统计，1999 年全国普通高校本专科招生 160 万人，比 1998 年的 108 万人增加了 52 万人，增幅高达 48%。此后的 2000、2001 年，扩招增幅也分别达到了 38.2% 和 13.3%。2002 年高校本专科招生实际人数达到了 321 万，是 1998 年的 2 倍多。2003 年普通本专科招生约 380 万人，比上年增加 59 万人，增长 18.3%[②]。2023 年普通高校在校学生数已达到 2695.8 万人。高校扩招是我国教育改革和发展的必然选择，高校扩招满足了更多的青年进入大学深造的迫切愿望，有利于提高全民族的文化素质。

高校扩招，使在校大学生人数迅速增加，高校贫困生队伍也随之扩大。据国家有关部门 1996 年的调查统计，在校大学生中，有学费、衣食之忧的贫困大学生有近百万人，其中特困生占 30%。截至 2003 年，我国贫困人数已经高达 200 多万人，虽然这些年来我国高校教育得到了较快的发展，但是我们也不能忽视高校贫困生人数的剧增，与 1996 年相比，2003 年高校贫困生人数增加了 2 倍[③]。随着我国高校扩招，高校贫困生的人数将会逐渐增加，而且这种增长趋势将会持续很长的一段时间。

① 李从松.大学生贫困成因的制度经济学思考 [J].教育与经济，2002（01）：13-16.
② 秦坤.关于云南高校改扩建成因的分析 [J].学理论，2008（22）：75-76.
③ 胡解旺.大学生就业报告 [M].北京：中央编译出版社，2004.

四、家庭根源

（一）家庭成员文化素质偏低，劳动技能缺乏

贫困生家庭成员文化素质普遍偏低，缺乏劳动技能，特别是来自农村的贫困生家庭。许多农村贫困生的家庭成员长期生活在农村，只受过初中或小学教育，文化素质较低，只能从事传统农业生产。有一部分贫困生的家庭成员来到城市打工，由于文化水平不高，角色转换能力差，在非农产业中就业屡屡受阻。城镇下岗职工自身技能较差，缺乏资金，下岗再就业困难。进城务农的农民工和城镇下岗职工只能从事简单的、附加价值不高的劳动，以赚取微薄的工资来维持基本的生活费用，这种途径不能从根本上改变自己和家庭的贫困状况。

（二）家庭变故

通常情况下，我们所说的家庭变故主要指的是家庭成员身患重病、遭遇车祸以及意外伤残等多种情况。父母是一个家庭的经济支柱，如果他们发生意外，势必会给家庭带来沉重的打击。尤其是我国西部贫困地区的家庭，如果他们的家庭发生变故，势必会使本来不富裕的家庭变得更加贫困，这也导致这部分家庭的学生成为特困生。此外，在上文的分析中我们得知一部分高校贫困生来自于单亲家庭，由于父母离异或父母一方去世，导致他们的家庭缺乏固定的经济来源或收入下降。

（三）人口众多

由于我国农村地区的经济发展比较落后，传统的思想观念对人们的影响极大，如多子多福的思想，因此即便是在计划生育政策下，农村家庭的孩子依然比较多，大部分的家庭都有两个及以上的孩子，供养孩子上学的经济压力大，尤其是家庭中几个孩子同时上大学。目前在校大学生基本上都是20世纪90年代出生的，来自城镇的学生独生子女较多，而来自农村的学生基

本上都是出自多子女家庭。这些多子女家庭，孩子长大了，如果选择外出打工，收入来源增加，家庭支出减少，经济状况较好；如果继续供孩子上学，尤其上大学，两个孩子一年下来，教育支出也在 2 万元左右，家庭贫困在所难免。

（四）城镇特殊群体

具体可分为三部分人群：一是"三无人员"（无生活来源、无劳动能力、无法定赡养人），这些人长期以来由政府民政部门进行社会救济；二是"失业人员"，即在就业竞争中失败而被迫失业，丧失收入来源的人员；三是贫困的在职、下岗人员以及退休人员，即在职人员领取工资、下岗人员领取基本生活费、退休人员领取退休费或养老保险金后，其家庭人均收入仍低于当地贫困标准的居民。来自这些特殊群体家庭的学生，由于生活水平低于或远低于平均水平，家庭往往难以供养他们正常的学习和生活，上大学后就会成为高校的贫困生。

五、个人根源

（一）不合理的生活方式

高校贫困生的个人原因也会在一定程度上增加其贫困程度，如不合理的生活方式。目前，一些高校贫困生存在盲目消费的现象，他们在日常生活消费中未能结合自身的实际情况，也没有作出科学合理的消费规划，从而导致日常学习生活中增加了很多的不合理消费项目。此外，还有一些贫困生存在盲目攀比心理，从而产生了许多的高消费，这些都在无形中增加了他们的贫困程度。另外，一些农村学生来到城市之后，受城市灯红酒绿生活的影响，他们逐渐失去了原本淳朴的性格，并迷失在城市灯红酒绿的生活之中。以上这些问题都会在无形中增加学生的贫困程度。

（二）缺乏"自救"意识

目前一部分高校贫困生的自立能力较差，在日常生活学习之中，他们缺乏自己解决问题的能力，对家庭和社会的依赖程度较高，往往存在"等、靠、要"的思想。一部分高校贫困生将希望寄托在学校为他们减免各种费用或国家提供免息贷款，而不愿意依靠自己的努力去争取奖学金，也不愿意花费时间勤工俭学。此外，还有一部分高校贫困生碍于个人面子，不愿意让别人知道自己家庭困难，也不愿意在学校从事一些力所能及的体力活，当他们缺少生活费时，他们第一个想到的便是父母。除此之外，贫困生的学习成绩也是加剧其贫困程度的重要因素之一。一些贫困生的学习成绩并不是很好，由于成绩不及格等原因，导致一部分贫困生留级，这在无形中增加了他们的费用。

第三节　高校贫困生的特征

贫困是一个随着历史、区域和标准变化而变化的复杂概念。在经济社会多元发展背景下，贫困始终处于变化和发展中，而且在不同地区、不同阶层呈现不同的特征。黄贵荣、刘金源认为，"贫困在人类社会的不同历史阶段表现出不同的特征和趋势。"[1] 任福耀、王洪瑞在《中国反贫困理论与实践》一书中指出了我国贫困人口分布有五个重要特征："一是社会经济结构特征，二是自然地理特征，三是社会阶层特征，四是体制转轨特征，五是个人素质特征。"[2] 依据相关学者的研究，本书将高校学生贫困的特征归纳为贫困性、弱势性、多元性、暂时性和循环性。

一、贫困性

贫困性是高校贫困生的特征之一，主要表现在学生生存与发展所必需的物质资源方面。一是家庭收入不高。一般情况下，家庭收入是高校贫困生的

---

① 黄贵荣，刘金源. 失衡的世界：20世纪人类的贫困现象 [M]. 重庆：重庆出版社，2000.

② 任福耀，王洪瑞. 中国反贫困理论与实践 [M]. 北京：人民出版社，2003.

主要经济来源，一个家庭的收入水平直接决定了贫困生的生活水平。然而高校贫困生的家庭收入基本保持在维持日常开销的水平。二是基本生活难以得到保障。

二、弱势性

弱势性是高校贫困生的另一特征，它主要指的是高校贫困生在学生群体以及社会阶层中处于低层次水平。从具体上来讲，高校贫困生的弱势性主要体现在以下几个方面：第一，高校贫困生处于社会关系中的最边缘；第二，高校贫困生是经济分配关系中的最末环节。当然，我们应当认识到高校贫困生的弱势性只是暂时的，每一个高校贫困生在毕业之后都有可能会改变自身弱势状态。但是受我国经济发展水平等因素的影响，高校贫困生的弱势性还会存在很长的一段时间。

高校贫困生的弱势性是由家庭因素和个人因素构成的。一是家庭的弱势性。高校贫困生主要来自老、少、边、穷经济不发达地区以及下岗失业等弱势家庭，这些家庭由于经济上的贫困，具有先天的弱势性，他们在多种社会性资源的占有上比较贫乏。二是贫困生本身的弱势。高校贫困生自身的弱势主要包括高校贫困生生存能力的低层次性，主要表现在：第一，本身没有任何收入来源。教育支出的大部分费用靠资助或贷款来募集，少部分通过勤工俭学来解决。第二，生存能力弱势。生活贫困造成他们的生活处于封闭状态，进而形成心理上的闭塞，特别是在交际能力等方面的差距，如普通话不标准、存在交际障碍等。

三、多元性

贫困具有多元性。彭刚认为："贫困的基本特征是作为现代贫困的多元性与复杂性。"[①] 世界银行在《2000—2001 年世界发展报告》中明确指出："贫

---

① 彭刚. 丰裕中的贫困 [J]. 教学与研究，2005（12）：30-35.

困不仅指物质的匮乏，而且还包括低水平的教育和健康；除此之外，贫困还包括风险和面临风险时的脆弱性，以及不能表达自身的需求和缺乏参与机会。"[1] 夏振坤认为贫困包括"制度短缺、环境短缺和可行能力短缺所造成的贫困"[2]。贫困学生除经济贫困外，一般还包括学习、心理、就业和技能等多个层面的贫困，是多元贫困。张文芝认为学生接受高等教育所需要支付的"高昂的学费给贫困家庭带来了沉重的经济负担，不仅使这部分学生难以维持正常的学习和生活，而且也造成了一些严重的心理障碍"[3]。姚春序认为："'双困生'是高校贫困生特殊群体中的又一个特殊群体，所谓'双困生'，是指高校中不仅生活上贫困，同时学习上也相对困难的大学生。"[4] 方黛春认为："贫困生的心理问题突出、交际能力比较弱、学习压力大，学习成绩不理想。"[5]

四、暂时性

暂时性是高校贫困生的特征之一，它从动态的角度对贫困进行解释，即贫困生在贫困与脱离贫困之间的波动以及贫困的短期性。从具体上来讲，短期性贫困主要有两个方面的含义：一是说贫困是可以摆脱的；二是从贫困转变为非贫困所需要花费的时间并不是很长，如人们由于自然灾害因素导致的贫困，在经过一段时间后会有明显的改善。樊怀玉、郭志仪等认为贫困本身是一个模糊概念，它具有不确定性，贫困会随着时间和空间以及人们的思想

① 世界银行.2000—2001 年世界发展报告 [M].北京：中国财政经济出版社，2001.

② 夏振坤.经济发展中值得研究的几个问题 [J].经济学动态，2003（12）：72-74.

③ 张文芝.论高校贫困大学生的现状及对策 [J].西南民族大学学报（人文社科版），2005（08）：318-320.

④ 姚春序.高校"双困生"现象分析和解困对策研究 [J].浙江工程学院学报，1999（03）：85-88.

⑤ 方黛春.高校勤工助学在实践育人中的功能及实现探索 [J].新西部（下半月），2007（11）：152+154.

观念的变化而变化[①]。

学生贫困的暂时性是指学生在经济、学习和心理等方面的困难或困惑所持续的时间短暂，特别是毕业后参加工作，随着经济的独立，一些现象会彻底消失。例如，高校贫困生的经济贫困，会随着他们工作能力的不断增强，缓解或克服经济压力；在学习上，会随着知识的不断积累，学习能力逐步得到提高；在心理上，随着时间和环境的变化，某种不健康心理会逐渐被克服。

五、循环性

根据贫困循环理论，贫困往往具有循环往复的特征，某一方面的贫困往往是另一方面贫困的原因，而其贫困的结果又常常成为下一方面贫困的原因。从具体上来讲，高校贫困生的循环性特征主要指的是学生在经济、学习以及心理上的贫穷直接影响了他们的就业水平，出现就业困难的现象，而就业困难又在无形中加剧了他们的经济困难，这二者之间形成了恶性循环。虽然我们不能否认一些学生受经济困难的影响，奋发图强，最终获得较好的学习成绩，但是目前社会上普遍存在因经济困难而学习差的现象。高校贫困生在经济、学习、心理、就业等各方面的贫困相互影响、相互制约、循环往复，使贫困生成为"双困生"，甚至"多困生"。

第四节　高校贫困生的认定

从某种意义上来讲，高校贫困生的认定是高校开展贫困生自主工作的基础环节。如果高校想要做好贫困生的资助工作，势必要对贫困生有一个科学合理的认定，只有这样才能明确助学政策的资助对象，也只有这样才能发挥助困资金的利用效率。

---

① 樊怀玉，郭志仪.贫困论·贫困与反贫困的理论与实践[M].北京：民族出版社，2002.

一、组织结构

（1）学校学生资助工作领导小组全面领导本校家庭经济困难学生的认定工作。学校学生资助管理机构具体负责组织和管理全校的认定工作。

（2）院（系）成立以分管家庭经济困难学生资助工作的院（系）领导为组长、院（系）学生辅导员、学生工作办公室主任等担任成员的认定工作组，负责认定的具体组织和审核工作。

（3）以年级（或专业）为单位，成立以学生辅导员任组长，班主任、学生代表担任成员的认定评议小组，负责认定的民主评议工作。认定评议小组成员中，学生代表人数视年级（或专业）人数合理配置，应具有广泛的代表性，一般不少于年级（或专业）总人数的10%。认定评议小组成立后，其成员名单应在本年级（或专业）范围内公示。

二、认定程序

高校每年开展一次贫困生认定工作，此外高校要制定严格的贫困生认定工作程序，而高校学生资助管理机构、院（系）认定工作组、年级（或专业）认定评议小组要结合自身的工作职责，认真完成自己的工作内容。

（1）在新生入学前，高校可以借助录取通知书发放的过程，附加《高等学校学生及家庭情况调查表》，了解学生的家庭情况，此外，高校也要在每个学期即将结束时，向学生发放《高等学校学生及家庭情况调查表》，了解学生及其家庭情况。而需要申请家庭贫困的学生不仅需要如实填写表中的内容，同时也要拿着该表到地方政府加盖公章，以此来明确学生所填写内容的真实性。那些已经被学校认定为贫困生范畴的学生再次申请认定时，学校可以结合学生的实际情况，如果家庭经济状况没有发生较大的变化，学生只需要提交《高等学校贫困生认定申请表》即可。

（2）每学年开学时，高校学生资助管理机构启动全校认定工作。认定评议小组组织学生填写《高等学校贫困生认定申请表》，并负责收集《高等学校学生及家庭情况调查表》。

（3）认定评议小组根据学生提交的《高等学校贫困生认定申请表》和《高等学校学生及家庭情况调查表》，以学生家庭人均收入对照高校所在地省级教育、财政部门确定的认定标准，并结合学生日常消费行为，以及影响其家庭经济状况的有关情况，认真进行评议，确定本年级（或专业）各档次的贫困生资格，报院（系）认定工作组进行审核。

认定评议小组进行民主评议时应着重考虑孤残学生、烈士子女，以及家庭成员长期患重病、家庭遭遇自然灾害或突发事件等特殊情况的学生。

（4）院（系）认定工作组要认真审核认定评议小组申报的初步评议结果。如有异议，应在征得认定评议小组意见后予以更正。

（5）院（系）认定工作组审核通过后，要将贫困生名单及档次，以适当方式、在适当范围内公示5个工作日。如师生有异议，可通过有效方式向本院（系）认定工作组质疑。认定工作组应在接到异议材料的3个工作日内予以答复。如对院（系）认定工作组的答复仍有异议，可通过有效方式向高校学生资助管理机构提请复议。高校学生资助管理机构应在接到复议提请的3个工作日内予以答复。如情况属实，应作出调整。

（6）高校学生资助管理机构负责汇总各院（系）审核通过的《高等学校贫困生认定申请表》和《高等学校学生及家庭情况调查表》，报高校学生资助工作领导小组审批，并建立贫困生信息档案。

（7）每年高校相关部门以及院系都要对学校的贫困生进行资格复核，与此同时还要不定期抽查部分贫困生，如电话、邮件、实地走访等。严厉惩罚那些弄虚作假的贫困生，取消他们贫困生的自主资格，并追回资助资金。

三、认定方式

（一）生源地认定

这种认定方式主要是由生源所在地的乡镇、街道办事处等相关部门出具学生的贫困证明，以此来判定学生是否为贫困生。这种贫困生的认定方式不需要高校直接参与，因此降低了高校贫困生认定的成本，但是这种认定方式也存在一定的不足之处，由于学生贫困证明由学生生源地提供，中间缺少了相应的监督与约束，学生生活情况的真实性大打折扣。除此之外，目前我国各个地区关于贫困的认定标准也不一致。

（二）高校认定

这种贫困生认定方式的认定主体是高校，它主要是以学校、院系、年级、班级为单位，对学生家庭的基本情况进行认定，然后通过多层审核，最终确定学生是否为贫困生。高校认定的方式建立在学生实际情况的基础上，因此认定结果比较准确，但是高校认定方式会涉及学生的部分隐私，同时为做到公正、透明，必须对评出名单予以公示，这势必触及贫困生的自尊心，无形中会对贫困生造成一定程度的心理压力。

四、认定方法

现阶段，我国高校在对学生进行贫困生认定时，主要将学生的经济状况作为判定标准。通常情况下，高校在认定过程中主要考虑以下四个方面：第一，学生家庭的年收入情况；第二，学生每月的生活、学习费用支出情况；第三，学生缴纳学费的能力；第四，学生生源地设定的最低生活保障线。结合这四方面的因素，高校贫困生的认定方法主要有以下几种。

（一）《贫困证明》认定法

这种贫困生认定方法主要根据学生入学时填写的《高等学校学生及家庭经济情况调查表》来判定，或是根据学生所在地民政局、街道办事处出具的《特困证》等贫困证明来认定。这样的认定方法在无形中降低了高校贫困生的认定成本，正如上文所讲，这样的认定方式可信度较低，也无法有效反映学生家庭消费结构以及家庭收入水平。也正是由于这一方面的原因，学生所提供的贫困证明一般仅作为参考使用。

（二）学生消费水平认定法

这种贫困生认定方法是建立在全校学生平均消费水平的基础上，通过对比学校学生的日常生活消费情况来认定贫困生，即消费水平低于平均消费水平的学生为贫困生。这种贫困生认定方法可以很好地反映学生家庭的经济状况，其可信度较高。但是这种认定方法也存在一定的不足之处，如调查统计学生的生活消费水平是一项巨大的工程，需要耗费大量的人力和物力，同时调查结果也未必能如实反映学生的实际情况，在调查统计过程中难免出现偏差。此外，这种统计方法过分重视物质消费的必要性，而忽视了教育消费中的精神消费和文化消费的重要性。

（三）居民最低生活保障线比照认定法

这种认定方法需要调查统计学生的学习生活消费水平，同时将调查统计结果与高校所在地居民的最低生活保障线进行对比，如果学生的消费水平低于居民最低生活保障线，那么这部分学生就被认定为特困生，如果学生的消费水平略高于居民生活最低保障线，那么就会被认定为贫困生。该种方法由于考虑到了学校所在地居民最低生活保障线，对于贫困生的认定具有指导意义。

（四）综合认定法

从某种意义上来讲，综合认定法需要考虑多方面因素，如学生的学习生活消费情况、学生的家庭情况、学生的学费缴纳情况以及本校学生的平均消费水平等。通过对各个方面因素的考察，最终得出贫困生认定结果。目前，这种认定方法具有较强的工作指导性与实践性，受到各大高校的青睐。

五、高校贫困生认定方法中存在的不足

现阶段，我国高校在对贫困生进行认定时，主要采用的是以上四种方法，

以上这四种方法都有独特的优势，然而这四种认定方法也有不足之处，具体表现在以下几个方面。

（一）以贫困证明认定标准单一

目前，部分高校在贫困生认定中，需要学生提供最基本的《高等学校学生及家庭经济情况调查表》，并以此来证明自身家庭的贫困。在上文的分析中可以发现，为学生开具贫困证明的主要是学生户籍所在地的民政部门、街道办事处，这就很难避免学生家长通过关系来获得贫困证明。而对于民政部门和街道办事处而言，贫困学生的助学资金也无须他们支付，他们只需要出具相关的证明材料即可，因此社会上广泛存在胡乱开具贫困证明的现象。高校无法判断地方民政部门及街道办事处开具贫困证明的真实性，因此以这种方法作为贫困学生认定方法可信度不高。

（二）贫困生材料审核只注重形式，未做深入调查

目前高校在对贫困学生所提供的材料进行核查时，存在形式主义的问题，通常情况下，学校主要将核查重点放在材料是否有涂改、是否本人签字、是否有相关部门盖章等，而忽视了材料之外的有关学生情况的调查，同时对于材料中一些存在疑点的地方也并未做深入的调查，这难免会引起非贫困学生对贫困学生实际情况的怀疑。虽然《高等学校学生及家庭情况调查表》中涉及了学生的一些基本情况，如家庭收入、家庭生活费用等，但是由于学生并未直接参与家庭的经济管理，因此他们对家庭的经济状况并不是十分了解，表格填写具有一定的随意性，数据也缺乏真实依据。

（三）学生家庭情况复杂，对于学生家庭收入的统计标准不统一

每个学生的家庭情况都不相同。一部分学生属于单亲家庭；一部分学生的父母下岗没有正式的工作，也没有固定的经济收入；还有部分家庭中有身患重病的亲属，但是依然可以负担起子女接受教育的费用。现阶段，我国在收入信息统计方面并不是很健全，高校很难获得家庭收入的实际情况，而由

于统计标准不一致，所以学生填报的数据也缺乏真实性，这些情况都在一定程度上增加了学校认定学生贫困程度的难度。

（四）对于学生贫困认定的定性指标重于定量指标，主观判断大于客观依据

当前，我国大部分高校在判定一个学生是不是贫困生时，往往采用的是学生评议、辅导员评议以及学院评议的方式，通过这些方式最终得出的都是定性评价指标，存在较大的主观性。在这样的评价方式下，评选人在学生和老师心中的形象起着十分重要的作用，而学生的家庭经济情况以及学生的消费水平情况在评价中的作用并不是很大，从而导致贫困生认定结果没有可信度。

（五）贫困生状况动态跟踪管理不足，针对性、实效性不强

高校贫困生的资助工作，是一个长期而艰巨的任务，国家要为每一个贫困生提供不同程度的帮助，然而由于高校贫困生的贫困程度具有一定的复杂性，所以在贫困生资助工作开展过程中，高校很难深入了解每个贫困生，对学生的跟踪了解也不到位，因此一部分贫困生在脱离贫困之后依然可以获得贫困生资助，这样势必会占用那些真正需要帮助却依然没有获得资助的学生名额，从而降低贫困生资助基金的效益。

第三章　高校贫困生资助体系

本章主要内容为高校贫困生资助体系，分别从四个方面展开论述，即高校贫困生资助体系的理论探讨、高校贫困生资助体系的政策评价、高校贫困生资助体系的政策思考和高校贫困生资助体系的制度建议。

第一节　高校贫困生资助体系的理论探讨

一、和谐社会——爱无差等

和谐社会的价值内涵是十分丰富的，并非几句话就能解释清楚。但在作者看来，和谐社会的价值内涵包含了"爱无差等"的思想，这是一种以人为本的人道之爱，是没有差别和等级之分的大爱，是人类价值共同追求的博爱。随着社会的发展，贫富差距一直存在。贫困生是社会的一分子，他们在生活中所承受的压力和痛苦，是不能被社会所忽视的。在和谐社会的构建过程中，贫困生问题无疑是一个不和谐的音符。因此，解决贫困生问题，是和谐社会爱无差等的重要体现。

（一）和谐社会的理论基础

构建和谐社会，是人类在千百年的发展历程中所共同追求的理想，也是马克思、恩格斯所追求的社会理想。马克思主义的创始人在前人思想成果的基础上，提出科学社会主义理论，这一理论包含了对未来社会的科学构想，蕴含着丰富的社会和谐思想。

（1）在批判资本主义造成尖锐阶级矛盾的同时，设想未来社会的和谐和平等历史必然性

在马克思、恩格斯看来，资本主义创造的文明成果是伟大的，可以说胜过了以往的任何社会，但有一点又不能否认，那就是资本主义是在各种不和谐的矛盾中产生并运转的，所以资本主义制度实质上是属于严重失调的、不健康的社会制度，其中社会不平等和两极分化的现象十分严重，存在着阶级对抗、以牺牲劳动人民利益换取社会发展等不合理现象。这种批判，既表示了他们对空想社会主义者合理思想的肯定，也表达了他们独到的见解。比如，在《共产党宣言》中，马克思、恩格斯对空想社会主义者关于未来社会的构想进行了辩证性分析，指出空想社会主义者有关社会主义和共产主义的著作含有批判的成分。这些著作对现存社会的全部基础进行了抨击，因此对启发工人觉悟起到了重要作用。关于未来社会的发展，空想社会主义者提出了很多想法，比如消灭城乡对立、消灭私人营利、消灭雇佣劳动、提倡社会和谐，把国家变成纯粹的生产管理机构。这些想法都表明要消灭阶级对立。而这种阶级对立在当时刚刚开始发展，他们所了解的仅仅是这种对立的早期的、不明显的、不确定的形式。

马克思、恩格斯认为："从封建社会的灭亡中产生出来的现代资产阶级社会并没有消灭阶级对立，它只是用新的阶级、新的斗争形式代替了旧的。"[1]资本主义的不和谐主要表现在：社会异化、贫富分化、雇佣剥削、阶级冲突和社会动荡。正是因为这些矛盾的存在，导致资本主义社会在发展过程中，一直都存在阶级冲突和社会动荡。因此，在马克思、恩格斯看来，资本主义社会不可能是一个和谐的社会，资本主义社会的基本矛盾是导致不平等、不和谐的根本因素。同时，根据人类社会的发展规律，提出只有在代替资本主义的新社会，才能实现社会和谐。

（2）在揭示未来社会运动的过程时，进一步论述了人与社会的和谐统

[1] 马克思，恩格斯.马克思恩格斯选集第1卷[M].北京：人民出版社，1995.

.

一思想

马克思指出："只有在社会中，自然界对人来说才是人与人联系的纽带，才是他为别人的存在和别人为他的存在，才是人的现实的生活要素；只有在社会中，自然界才是人自己的人的存在的基础。只有在社会中，人的自然的存在对他说来才是他的人的存在，而自然界对他说来才成为人。因此，社会是人同自然界地完成了的本质的统一。"① 因此，马克思、恩格斯提出了人与社会和谐统一的思想。在他们看来，人和社会是不可分割的一个整体，人是社会的主体，而社会是人存在的方式与形态。马克思在《1844 年经济学——哲学手稿》中对人与社会之间的辩证和谐关系进行分析。对人与社会的关系这一问题，马克思说："正像社会本身生产作为人的人一样，社会也是由人生产的。"② 人是社会的人，社会也是人的社会。马克思、恩格斯揭示了"人的本质不是单个人所固有的抽象物，在其现实性上，它是一切社会关系的总和"③。

（3）在构想"自由人的联合体"时，提出和谐社会的本质规定是人的全面发展

马克思、恩格斯将人的发展概括为三个基本的历史阶段或历史形态。第一阶段：缺乏独立和自由，并且个性得不到发展的形态，这一形态是以人的依赖关系为基础的，存在于前资本主义社会时期。第二阶段：独立性较强，且具有较丰富的关系和多样才能的形态，这一形态以物的依赖关系为基础，存在于资本主义社会的历史阶段。第三阶段：指的是马克思、恩格斯在《共产党宣言》中第一次向全世界宣告的共产主义的伟大理想："代替那存在着阶级和阶级对立的资产阶级旧社会的，将是这样一个联合体，在那里，每个人

---

① 徐丽英 . 马克思主义简明读本人化的自然 [M]. 长春：吉林出版集团有限责任公司，2013.

② 马克思 .1844 年经济学哲学手稿 [M]. 北京：人民出版社，2000.

③ 马克思，恩格斯 . 马克思恩格斯选集第 1 卷 [M]. 北京：人民出版社，1995.

的自由发展是一切人的自由发展的条件。"①之后，在《资本论》中，马克思指出未来的新社会注重每个人得到全面而自由的发展。由此可见，未来的社会主义社会跟其他社会最明显的区别，就是人的自由全面发展，可以说，人的自由全面发展是人类社会发展的最高追求。马克思、恩格斯所说的"人的自由而全面发展"，是指人的各方面能力得到挖掘和施展，人的多样性需求不断被满足，人能够充分体现个性，可以和自然和谐共生。在马克思看来，就是社会中的每一个成员，都可以自由地发展自己的各方面才能，自由地使用自己的力量。在恩格斯看来，就是人真正成为社会的主人和自然界的主人，成为真正自由的人。

（二）和谐社会的思想资源

在我国传统哲学的领域内，和谐是非常重要的内容，是中华民族传统核心价值观的重要组成元素。千百年来，构建和谐社会，是人类共同追求的理想社会。无论是中国还是西方，人们都把和谐作为社会的基本价值观进行不懈的追求和探讨，给我们留下了丰富的思想资源。

爱无差等——墨子的和谐社会思想。墨家是百家争鸣中唯一代表广大人民利益和愿望的亲民学派，墨子被称为春秋战国时期伟大的平民思想家，他提出"爱无差等"这一思想，主张不分远近、亲疏、贵贱地爱一切人，体现的是一种"博爱"情怀，是其"兼爱"思想的具体表现，是墨子一生从事政治和学术活动的归宿。在墨子看来，国家之间发生战争，臣子谋逆篡位、家庭不和，其根本原因都是相互之间"不相爱"。解决这一问题的策略，就是"兼以易别""爱无差等""施由亲始"。在中国哲学史上，墨子第一次提出"不分差别、彼此普遍相爱"思想，在墨子看来，"每个人在天面前都是平等的"，要求"视人之国若视其国，视人之家若视其家，视人之身若视其身"②；因为人与人之间都是平等的，应当"有力者疾以助人，有财者勉以分人，有道者

---

① 马克思，恩格斯. 马克思恩格斯选集第 1 卷 [M]. 北京：人民出版社，1995.
② （战国）墨翟. 墨子 [M]. 南京：江苏凤凰科学技术出版社，2018.

劝以教人"[①]；提倡社会的所有成员抛开等级、地域、民族等各种偏见，摒弃小我，践行大爱，以达到饥者得食，寒者得衣，劳者得息，疾病得治，死丧得葬，进而实现"乱者得治"的和谐社会[②]。

政通人和——范仲淹的和谐社会思想。范仲淹对为官者提出了一个重要的考察标准，一个合格的官员要自觉地贯彻执行上级的指示精神，自觉地与上级保持一致，为官一任，造福一方。政令出自上级，贯彻要靠下级，有了"政通"才能有"人和"。"人和"在今天而言，其内涵是人民安居乐业，社会欣欣向荣，国泰民安。"人和"是"政通"之后要努力达到的目的，我们要充分认识"人和"的重要性。现今而言，只有让人们在政府的公共服务方面有更多的话语权，贯彻以人为本思想，树立和落实科学发展观，让老百姓得到更多的实惠，为人民谋福利，才能达到"政通人和"的局面。

和而不同——孔子的和谐社会思想。孔子认为，"同"是相同东西的叠加，"和"为不同事物的融合，承认差别，承认矛盾。孔子把"不同"而又和谐相处相生，看作事物的本质，看作社会发展、做人做事的根本原则。著名社会学家、北京大学社会学系教授费孝通先生强调文明交流与人类共同繁荣之间的关系及其意义，是对"和而不同"的极好的阐释。

还有很多"和谐"思想，诸如：天理亦有个中和处（王阳明）；和实生物，同则不继（伯阳父）；天时不如地利，地利不如人和（孟子）[③]。

（三）解决贫困生问题是和谐社会题中之义

从和谐社会的特征、和谐社会的建设原则和任务来说，处理好贫困生问题，是构建和谐社会的最基础要求。

1."以人为本"是和谐社会的题中之义

所谓以人为本，就是在社会发展建设过程中，以人为中心，以"实现人

---

① （战国）墨翟.墨子[M].南京：江苏凤凰科学技术出版社，2018.
② （战国）墨翟.墨子[M].南京：江苏凤凰科学技术出版社，2018.
③ 刘道明."和谐社会"思想的演变及重要启示[J].天府新论，2005（05）：25-27.

的全面发展"为目标，多方面考虑人民群众的需求和利益，并以此为出发点，大力促进社会改革和发展，从而有效满足人民群众不断增长的物质和文化等方面的需求，使人民群众的文化权益得到保护，让社会中的每一个人都能够在社会发展过程中得到利益。马克思说过，未来的社会是"以每个人的全面而自由地发展为基本原则的社会形式"①。以人为本，就是把人当作社会的主体，在社会经济发展过程中，将提升人的素质、满足人的需求，以及实现人的全面发展作为最主要目标。只要充分贯彻以人为本的理念，把人当作发展的根本出发点和落脚点，一切以满足人的需要和权益为归依，才有可能使全体人民各尽其能、各得其所，才有可能构建社会主义和谐社会。所以，帮助更多的适龄青年顺利完成大学学业，让贫困生能够跟其他人一样得到平等的教育机会，是党和政府代表广大人民利益的充分体现，也是以人为本构建和谐社会的重要体现。

2."社会公平"是和谐社会的题中之义

教育公平是社会公平的基础，如果教育不能够实现公平，那么社会公平就无从谈起。而教育公平是一个具体的概念，它包括起点、过程、结果等方面的公平，从贫困生的视角来说，起点公平就是跟其他人有着同样的接受高等教育的机会，如果有的学生因为家境贫困，不能提供上大学的费用，导致学生中途辍学，或者有的学生因为家庭经济困难不敢入学，那么他们就会跟大学失之交臂，这就谈不上起点公平。在高等学校学习的过程中，如果贫困生经济条件太差，以至于满足不了基本的物质需求，那么贫困生全面发展的机会就会受到很大的限制，这也就不能做到过程公平。因为经济困难影响了贫困生的身心健康，影响了学习，导致最后不能顺利毕业，无法完成高等教育，谈不上结果公平。和谐社会提倡"社会公平"，那么首先要保证教育公平，教育公平的实现是有"起点公平、过程公平、结果公平"具体要求的，达到了这三个要求，贫困生的问题就容易解决了。

---

① 马克思，恩格斯. 马克思恩格斯全集第 23 卷 [M]. 北京：人民出版社，2016.

3."诚信友爱"是和谐社会的题中之义

和谐社会中所强调的"友爱",就是人类所共同追求的博爱,这种爱没有等级差别,它面向的是全社会的各个阶层,特别面向中、下阶层,以及弱势群体。正是这种博爱,能够让每个人都能享受最基本的社会保障,实现"学有所教、劳有所得、病有所医、老有所养、住有所居"的愿景。从贫困生问题来说,和谐社会的"友爱",就要从让贫困生在求学过程中不必为衣食担忧,让贫困生安心学习,并得到全面自由发展。如果在很长的一段时间内,高校贫困生这个群体一直存在,并且得不到帮助,只能孤独、艰苦地坚持求学,那么和谐社会所强调的"友爱"就没有真正落实,和谐社会的构建也失去了根基。所以说,妥善处理好贫困生问题,是和谐社会友爱的重要体现。

4."改革发展稳定"是和谐社会的题中之义

改革是为了让社会得到更好的发展,而发展则主要是为了让人民的物质和文化水平得到提升,让社会不同阶层的人都能够平等地享有改革成果,从而使人民能够安居乐业,使社会更加繁荣。所以,处理好改革、发展和稳定三者之间的关系,有着非常重要的意义。

改革开放以来,我国经济社会发展取得了优异的成绩,很多人都享受到了改革开放的成果,有一部分人已经先富了起来。但是,诸如高校贫困生等社会弱势群体,由于各种条件的限制,他们没能享受到更多改革开放的成果。目前,我国存在着分配不公、贫富差距较大等社会问题,并且这些问题存在已久,这必将导致贫困生及其他弱势群体产生强烈的被剥夺感,并对社会公平正义产生怀疑,进而对改革和发展产生不满、消极的情绪。社会弱势群体有着同质性、集中性和群体性特征,如果他们有着较强的不平衡心态,那么他们追求自己利益的欲望就会更加强烈,如果这一问题不能妥善处理,那么就很有可能使矛盾激化,从而威胁到社会的和谐安定。如果不能维持一个稳定的社会局面,那么进一步的社会改革就无法开始、无法进行,我们建设和谐社会这一伟大理想,就很难得到实现。所以说,解决好贫困生问题,是处理好改革、发展、稳定三者关系的要求，也是构建和谐社会的基础。

二、教育公平——有教无类

教育公平是我国教育的重要理念和重要原则，所谓教育公平，就是不分贫富贵贱、不分男女老少、不分种族，让每个社会成员都有接受教育的权利和机会。教育公平是社会公平价值准则在教育领域的一种重要体现，也是现代教育的基本价值取向，并且教育公平也是世界其他国家教育制度的主要出发点。教育公平能够保障社会弱势群体中的每个人都能享有受教育的权利，并且能够帮助贫困学子通过知识改变自己的命运。

（一）教育公平之本义

1. 教育公平的两个表现面——教育权利平等、教育机会均等

教育权利平等：教育权利平等的理念实际上是政治、经济领域的平等权利在教育领域的延伸。现代教育的基本价值取向之一就是将平等接受教育的权利作为基本人权。20 世纪 40 年代的《联合国人权宣言》规定："不论什么阶层，不论经济条件，也不论父母的居住地，一切儿童都有受教育的权利。"20 世纪 60 年代以来，在世界范围内掀起了改革的浪潮，教育权利平等成为全世界所有国家最关心的问题。《中华人民共和国教育法》也明文规定，只要是中华人民共和国公民，无论是什么民族、种族、性别、职业，无论什么样的社会地位和财产状况，都有享受教育的权利和平等机会。

教育机会均等：个体在智力、天赋、社会地位等方面存在不平等，而教育机会均等就是指给所有人公平的发展和竞争机会。传统的教育制度偏向于具有特权的社会阶层，因此教育机会均等作为现代教育的基本理念，有着明确的价值指向，主要是指改变处于不利地位的社会阶层的教育情况。

1960 年，联合国教科文组织详细说明了教育机会均等的含义，它主要包含两个部分，分别是消除歧视和消除不均等。所谓歧视，是指由于人们在种族、肤色、性别、宗教信仰、政治信仰等方面存在差别，或者在出身、经

济条件方面的差别，导致一部分人对另一部分人产生偏见，甚至一部分人遭到排斥，受到各种限制。具体表现为：一是不给某个体或某团体提供接受各级各类教育的机会；二是把某个个体或某个团体限于接受低标准的教育；三是出于对某些人或某些团体利益的考虑，坚持分流教育制度；四是使某些人或某些团体处于与人的尊严不相容的境地。

"不均等"是指存在于某些地区或某些团体之间的，不是故意造成的，也不是因为某种偏见导致的差别对待。

教育机会均等包括三个层面：入学机会均等、进入不同教育渠道的机会均等、取得学业成功的机会均等。

2. 教育公平的三个观测点——起点公平、过程公平、结果公平[①]

起点公平：实际上等同于教育权利的平等、入学机会的均等，是指尊重每一个人的基本人权，保证每一个人的自由发展。与学业成就平等相比较，起点公平是一种较低标准的公平诉求，在实践过程中，特别指保障儿童接受初等教育的权利，保障贫困生接受高等教育的机会。

过程公平：包括在起点不公平的环境中，通过制定相应的制度和政策，继续体现和维护个人或群体在教育的不同部门与领域内经历及参与的性质和质量的公平，也包括在教育实施过程和师生互动过程中微观层面的公平，从而保证个体或群体能够接受自己所需要的教育。

结果公平：这种公平体现在学生的学业成就，可以理解为教育质量的平等，这是一种实质性的、目标层面的平等。在相关的研究中，让每个人都有接受大学教育的权利是结果平等的目标。

3. 教育公平的三种价值观——效率、公平、自我实现

在瑞典教育家胡森来看，这三种公平分别对应着效率、公平和自我实现这三种主要的社会价值观：

（1）以效率为先的起点公平论，也就是在教育平等的前提下，经高度

---

① 陈如平. 走向"有质量的教育公平"[J]. 山东教育，2007（31）：63.

筛选、分流的教育制度，重点考虑经济合理性。

（2）以公平为先的过程公平论，也就是要求在教学实践以及教育资源配置的过程中，平等对待每个人，让他们享受一样的教育。

（3）自我实现突出了个性发展的结果公平观，也就是承认个体在各方面存在差异，承认发展的不平衡性，在此前提下，为不同的人提供不同的教育，从而让每个人的个性都能得到自由的发展。

在现代社会的发展过程中，公平与效率往往很难兼得，教育发展也存在着类似的问题。但是，跟社会、经济这两个领域不同的是，教育领域中公平与效率二者的冲突存在特殊性。在基础教育阶段，公平与效率这两者的目标是有重合性的，在一些发展中国家，普及基础教育不仅是最公平的，也是效率最高的。所以，当一个社会处在不同的发展阶段时，教育公平问题的特征和重心也是不同的。在发展之初，要想真正贯彻"教育机会均等"的原则，最重要的就是普及教育，让每个儿童都有平等接受教育的权利。在教育得到初步的普及之后，谋求的就是教育过程中的公正待遇，以及更高的教育质量，从本质上来说，也就是追求教育品质。从事实来说，世界范围内，教育质量方面的不公平问题远比教育机会的不公平问题要更加严重。而平等学业成就的实现，在现在来说还是十分遥远的。它一方面体现了与生俱来的个体差异；另一方面也反映了在贫富分化的环境中，具有传递性的"文化资本"在教育中具有十分重要的作用。

4. 教育公平的三种资源配置原则——平等原则、差异原则、补偿原则

教育资源配置的平等原则包括两个方面：一个是权利平等；另一个是机会均等，也就是受教育权平等和教育机会均等。

教育资源配置的差异原则是根据受教育者个人的具体情况区别对待，表现为教育资源配置的差异性，教育公平一方面要做到人人都得到公平的教育，另一方面要求人人都得到有差异的适应性教育。差异性原则要求提供多样性的教育，比如开办多种类型的学校、设计多种类型的课程等。教育多样

性是教育差异性的一种表现，也是教育对差异性的一种适应，坚持教育多样性，有助教育公平的广泛落实。

教育资源配置的补偿原则是，重视受教育者在社会地位上的差距，并对经济地位处境不利的受教育者在教育资源配置上进行补偿。这种教育资源配置是不平等的，但却是公平的。教育补偿政策通过教育机会的再分配，能有效改变贫困家庭的生活教育，促使社会贫困群体脱离贫困。

（二）教育公平之功能

教育公平是现代教育的最基本价值，这是因为公平的教育有着促进社会平等的重要作用。有教育家认为，教育的主要功能之一，就是促进社会平等化发展。借助教育，可以让那些处在不利地位人们的处境得到改善。从客观的层面来看，社会上存在经济、社会地位等方面的不平等，而教育能够给每个人提供公平竞争、改变自己处境的机会，从而在一定程度上减少社会的不公平现象。因此，现代社会的教育，一方面在社会流动、社会分化中具有"筛选器"的功能；另一方面又具有稳定器、平衡器的功能，正因如此，教育被看成是实现社会平等的最重要工具。这就是那些家境贫寒的学生能在贫困之中刻苦攻读、愈挫愈奋、执着坚韧、孜孜以求的原因，贫困家庭之所以有在家境贫寒之下不惜倾全家之力、供养子女上学的不竭动力，是因为他们相信知识改变命运、教育提升层次这个道理。

（三）教育公平之构建

重温教育公平的法理依据十分必要。

《联合国人权宣言》规定："不论什么阶层，不论经济条件，也不论父母的居住地，一切儿童都有受教育的权利。"[①]

法理问题毋庸置疑，关键是理解偏差和实践错位。触摸现实，倾听民意，我们可以感知到从"文本平等"到"实体平等"还有很多障碍，由"公民依

---

① 荀振芳.社会转型期的教育公平问题研究 [M].郑州：河南财政学院，2004.

法享有受教育的平等权益"到"依法拥有受教育的平等权益"尚需时日。

教育不平等造成了公民个人技能和劳动力资源上的不平等，使农村和城市贫困群体子女进入社会高层的门槛大大抬高了，贫困和富裕阶层之间上下流动的障碍增大了，教育这一最有效的扶贫和提高社会公平性的手段减弱了。在欧美一些国家，教育不公平被认为是国家危机。

教育公平是社会公平在教育领域的体现，它主要包括两个方面，一是教育权利的平等，二是教育机会的均等。教育公平不仅是指公民人生起点的义务教育阶段基础教育年限的平等，更重要的是教育资源、教育质量和发展机遇的平等。有了起点的公平、过程的公平，才可能有结果的公平，即实质的公平，不同家庭背景、不同民族、不同性别的学生才能获得基本相似的学业成就。结果的公平，是一个理想状态，也是所有关注教育的人的一个理想。

目前教育公平还远远没有成为教育公共政策的价值取向，但它被视为实现社会平等"最伟大的工具"，值得所有的人去努力争取。保证教育公平，这是一个关乎国家战略的重要问题，也是坚持科学发展观、落实"以人文本"这一治国理念的需要。

教育是实现社会公平最直接、最有效的方式，是社会的平衡器、稳定器，如果教育都出现了不合理、不平等现象，社会的不平等就会加速和凝固。总的来说，造成教育不公的原因，一是社会不公平造成教育不公平。社会主义市场经济发展还存在很多不足，有待规范和进一步完善，社会的二元结构导致城乡差距越来越大，人们的收入分配也有明显的差距，从而导致很多经济、社会和政治方面的问题，进而也引发了教育的不公平。二是教育投入严重不足。长期以来，财政性支出占 GDP 的比重较低。近些年来，这一状况虽然有所改善，但是与满足教育的基本需求还有一定的距离。教育投入的严重不足，给教育的发展造成了很大的负面影响，使得教育公平很难实现。三是不同教育观念之间存在一些矛盾，这也阻碍了教育公平的实现。社会的不公平在一定程度上导致了教育的不公平，而教育不公平又使得社会不公平这一现象更加严重，从而形成了恶性循环。

三、公共服务——阳光普照

（一）公共服务均等化的题中之义

所谓公共服务均等化，是指政府及其公共财政要给不同利益集团、不同的社会阶层提供相同的公共产品或者公共服务，具体包括三个方面，即财政投入、成本分担、收益分享。

我国公共财政制度改革的主要目标之一，就是公共服务均等化，具体来说，就是中央政府要为社会公众提供基本的、在不同阶段具有不同标准的公共产品和公共服务。也就是在基本的公共服务领域，尽最大可能满足人们基本的物质需求，尽量让每个人都享受同等的权利。

所谓公共产品，按萨缪尔森的经典表述，是指"每个人对这种产品的消费，并不能减少任何他人也消费该产品"[①]，从实质上来说，公共产品是指具有共同消费性质的服务，而并不是指"产品"的本身。公共服务领域包括公共保障、公共设施、文化教育、公共医疗等，这些服务和设施，跟人民群众的利益有着紧密的关联，跟经济社会发展也息息相关，而市场又不能充分满足人们的需求。用市场化的手段来配置资源，追求的是最高的资本利润。而在上面所说的领域中，资本往往不能实现利润最大化，价格太低，投资者无法获取较高利润；价格太高，消费者又难以接受。这些因素导致私人资本往往不愿意进入这些领域。在这种情况下，政府就要担负起相应的责任，在这些市场失灵留下的服务空白中，政府和社会提供支持，保证基本公民权利的实现，这就是"公共服务"真正的含义和宗旨。

公共服务均等化，能够促进公平分配的实现，有助于实现公平和效率的统一。在国外，公民享受基本均等的公共服务，在人们看来，这是理所当然的，因此，公共服务均等化早已经成为发达市场经济国家的基本施政纲领。

---

① 萨缪尔森. 公共支出的纯理论 [J]. 经济学与统计学评论，1954，36（4）：387-389.

（二）公共服务均等化的基本内涵

我们可以从三个角度出发来分析基本公共服务均等化的内涵。第一，社会上的每个公民都有均等的权利和机会享受基本公共服务。目前，我国有14亿人口，每个人各方面的能力是不同的，所占的社会资源也是不同的，但在享受基本公共服务上来说，每个人的权利应该是均等的。第二，社会上每一个公民享有基本公共服务的结果应该大致相等。这里所说的大致相等，并不是提倡平均主义，而指的是大体均等或者相对均等，当然，这里针对的是基本公共服务，并非所有公共服务。第三，在提供大体均等的基本公共服务的过程中，要对社会成员的自主选择权予以充分尊重。社会中每个成员的需求都是不一样的，有的社会成员出于各种原因，并没有享受社会提供的公共服务，比如，有的家长出于某种考虑，将孩子送入私立学校读书，而不是让孩子到公立的九年义务教育学校就读。这是完全可以的，应该对社会成员的自主选择权予以尊重。尊重人民享受均等的基本公共服务的权利与尊重人民的自由选择权，二者并没有冲突，并且，即使是在基本公共服务的框架之内，也应该赋予人们自由选择的权利和空间，绝对不能将基本公共服务均等化变成计划经济时代的"配给制"。

同时，公共服务均等化遵循标准适度、范围适中的原则，在就业服务、义务教育、公共卫生和基本医疗、公益性基础设施和生态环境保护等"公益基础性服务"，生产安全、消费安全、社会安全、国防安全等"公共安全性服务"方面，慢慢实现均等化。

具体来说，政府要加大力度解决好以下问题：

一是就业与再就业问题，政府要充分利用各种资源，构建多层次、多渠道的就业服务体系。

二是公共卫生和初级医疗保障问题，要建立合理的制度，让每个人都能够享受到基本的公共卫生和医疗服务。

三是发展教育问题，要尽快落实义务教育的全免费，结合实际情况，逐步完善高等教育、职业教育的贫困生自主体系，同时对农民工的职业培训要加大投入。

四是社会保障问题，要构建完善的制度，尽可能将社会上的每个成员都纳入社会保障体系中。

五是公共安全问题，要加大监督和管理力度，有效解决生产、卫生、食品等公共安全方面的问题。

以上论述的内容，是实现全国人民公共服务均等化的具体步骤，对于建设社会主义和谐社会来说，也有着非常重要的意义。

（三）公共服务均等化的战略意义

在和谐社会的建设过程中，实现公共服务均等化是非常重要的任务。落实基本公共服务均等化，是以人为本这一社会发展理念的重要体现，也是弥补市场公共产品供给失灵的重要制度安排，并且对缓解社会矛盾有着一定的作用。

改革开放以来，我国在经济方面的发展取得了很大的进步，人民的生活水平也有了明显的改善和提升，国家财政收入大幅度增加，但是，我国基本公共服务的发展却存在一些问题，走了一些弯路。一是在公共服务领域实施了过于市场化的改革路径；二是公共服务分配严重失衡，造成了人民群众看病贵、看病难、上学难等问题。特别是在农村和偏远山区，义务教育没能够得到有效落实，养老保障体制也十分不完善，缺乏健全的社会保障机制，导致农村发展十分缓慢，弱势群体的权利得不到保护，城乡差距越来越大，社会上的贫富差距现象也越来越明显，这些问题无疑是构建和谐社会的最大阻碍。并且，我国目前正处在经济社会的转型时期，利益主体和社会结构发生了重大的变化，各种社会矛盾和社会问题慢慢凸显出来，针对这些情况，政府就更要加强公共服务的均等化，要尽可能地在义务教育、公共医疗、就业等方面满足人们的基本需求，从而构建一个公平公正的和谐社会。

公共服务均等化的一个重要目标就是完善高等教育、职业教育的贫困生资助体系，保证贫困生能够顺利完成学业，获得全面发展。在构建社会主义和谐社会的过程中，所有的财政支出，必须要遵循以人为本的原则，要尽可能地促进公共服务均等化，在公共服务领域投入更多的财政资金，对于重点支出项目，要不断加大保障力度，另外要将财政投入向农村倾斜，向社会事业发展的薄弱环节倾斜，要多多关照困难地区、困难群众，尽可能改善人民群众生产生活的环境与条件，最大限度地满足人民的公共产品需求，让社会中的每个成员都能享受到改革发展的成果。其中，大力推进教育事业发展，构建健全的高等教育、职业教育贫困生资助体系，使贫困生摆脱生活困境，得以继续学业，是公共服务均等化的重要目标。

加大力度支持就业和社会保障工作，帮助城乡贫困家庭摆脱困境，降低全国高校贫困生数量，是公共服务均等化的另一个重要目标。目前，我国高校贫困生有大概 500 万人，其中绝大部分贫困生来自农村，因为在农村，连基本的社会保障都没有；当然也有一部分贫困生来自城镇，他们贫困的主要原因基本是企业亏损、工人失业、缺乏社会保障等。由此可见，加强公共服务均等化建设，重视就业和社会保障方面的工作，是有可能改善城乡贫困家庭现状的。从经济实力来看，我国完全具备基本公共服务均等化建设的条件和能力。

就业服务和基本社会保障都属于"基本民生性服务"。就业是民生之根本，高校学生是否能够享受基本公共服务，取决于就业服务的落实情况。目前，我国社会存在着巨大的就业压力，要想解决好就业问题，就要确立劳动者和自主择业市场、市场调研就业和政府促进就业的机制。从政府的角度来说，在公共服务建设的过程中，要重点关注就业问题，使得就业的职能得到进一步强化，实现就业服务的均等化。比如，以城市为中心，结合城市的实际情况，逐步构建就业的公共服务体系，特别强调的一点是，要做好公益性、面向全体劳动者的就业培训和信息服务；建立县、乡两级就业公共服务网络；要面向所有困难地区、困难行业和困难群体，建立就业援助制度。"基本民生性服务"还有一个非常重要的方面，那就是社会保障。要想构建稳固且完善的社会保障安全网，需要继续推进基本医疗保险、养老保险、失业保险、工伤保险、妇女生育保险以及农村的社会保险，与此同时，对于社会救助、社会福利和慈善事业，也要加大投入，加大发展的力度。现在来看，这项工作之所以困难，主要是因为城市与农村的社会保障水平有着较大差距。所以，在继续推进城市社会保障事业发展的同时，也要重点关注农村社会保障事业的建设和发展，并要加大投入。只有兼顾城市和农村，才能构建与经济发展水平相适应的社会保障制度，从而让城市和乡村都能享受到完善的社会保障服务。

如果我们能够保证上面论述的两项基本民生性服务得到落实，那么广大人民群众就能够安居乐业，在生病的时候能够得到救治，在老年失去工作能力的时候依旧能够得到基本的生活保障，就基本能实现国泰民安，社会经济就会得到持续发展，贫困家庭数量便会逐步减少，相应地，高校贫困生数量就会大大降低。

（四）公共服务均等化的客观必然性

在现阶段，我国基本公共服务均等化的客观必然性表现在以下三个方面。

（1）从理论的层面出发，落实基本公共服务均等化建设，是社会发展中以人为本这一原则的体现，也是弥补市场公共产品供给失灵的重要制度，所谓以人为本，就是在社会发展过程中，以人民为中心，坚持发展为了人民、发展依靠人民、发展成果由人民共享等重要原则，不仅要满足人民的物质生活需求，也要关注人民群众的精神生活需求、生命健康需求、安全需求，并尽量满足这些需求。为了达到这一目标，就必须实现基本公共服务均等化。一些发达国家的相关经验以及我国改革开放的经验都说明，在提供私人物品和私人服务方面，市场机制发挥着重要的作用。但是，由于各种因素，在提供公共物品和公共服务方面，市场机制却常常失灵，在这种情况下，就需要通过公共服务均等化的机制来加以弥补。

（2）从实践的层面出发，实行基本公共服务均等化对于缓解社会矛盾而言有着十分重要的作用。目前来看，我国社会在整体上来说是比较和谐的，但是，社会上也存在着一些影响社会和谐发展的问题，比如城乡之间、区域之间发展不平衡等。就区域发展差距这一问题来说，如果想要在很短的时间内，让中西部地区的发展水平赶上东部发达地区，是很难实现的。但是，在中西部地区经济总量远远落后于东部发达地区的情况下，在民众的基本公共服务方面逐步实现均等化是有可能的。所以说，逐渐减小公共服务方面的差距，能够在一定程度上缓解区域发展矛盾。目前，随着社会的发展，广大人民群众对公共物品和公共服务的需求迅速上升与公共物品和公共服务供给不足且配置失当之间的矛盾比较突出，在这样的情况下，就业培训、社会保障、义务教育、基本医疗等关系群众切身利益的问题越来越突出。通过有效的举措，逐步实现基本公共服务均等化，对缓解这些矛盾有着重要的作用。

（3）从国际的层面来说，基本公共服务均等化是很多国家社会政策发展的重要趋势。目前，很多国家都特别重视基本公共服务的供给，将它作为国家治理的重要政策。一些国家之所以比较稳定，是因为就算国家的"神经中枢"发生某些变化，社会也依旧能够稳定运转，重要原因之一就是该国家的基本公共服务实现了均等化。所以，我国开始实行基础公共服务均等化，也是大势所趋。

四、教育产业化反思

（一）教育属性分析

1. 教育是一种准公共产品

经济学将产品分为私人产品、公共产品、准公共产品。一方面，人们通过接受教育，学到了知识，提高了能力，从而提高了自身在未来社会活动中的竞争力，也增加了自己取得收入和享受生活的能力。这是一种内部效益，这种效益可为受教育者个人拥有。所以，教育具有私人产品的属性——竞争性、排他性、商品性、产业性。另一方面，因为教育不完全像私人产品那样在消费中具有独立性，它还有很强的外溢性，消费的结果不仅对消费者自己有好处，对他人、对社会也有很大好处；受教育者通过教育可以获得个人的种种直接收益，但受过良好教育的公民无疑可以给全社会带来广泛的收益，包括经济生产力的提高、社会文明程度的进步等。因此，教育又是一种外部社会效益很强的社会产品，同时具有公共产品的属性——非竞争性、非排他性、公益性、事业性。教育既具有私人产品的属性，又具有公共产品的属性；因而既不能说它是完全的私人产品，也不能说它是完全的公共产品。所以，定性教育为准公共产品，比较科学。

正是教育的这种溢出效应，也就是公益性，所以经济学把教育定义为"准公共产品"，而不完全是私人产品，这早已成为世界性的共识，成为世界所有国家举办教育事业的重要理论根基。也正是基于这一点，我们党和国家才提出"百年大计，教育为本"，并制定出"科教兴国""人才强国"的战略方针。完全可以断言，没有教育的发展，我们就不可能有科学技术的发展、和谐社会的构建、综合国力的增强和人民物质文化生活的不断提高。

教育的天职与历史使命是育人，它不仅肩负着为经济进步提供高质量劳动力的功利性责任，而且承载着为社会全面进步而培养人文素质的非功利性使命。因此，教育更是一种崇高的社会公益事业，具有政治的、经济的、文化的、科技的、军事的、伦理的、生态的、美学的、宗教的等多方面的社会功能。譬如，教育具有化民成俗的教化功能，是人谋求自身全面发展和社会进步的一种手段，对于塑造人们正确的世界观、人生观、价值观，对于形成文明优雅的社会风气、构建和谐的社会秩序，都具有不可或缺的重要作用。一个简单的事实是，教育产品不是物，而是人本身。教育对人的开发并不仅限于智力，而是德、智、体、雅的全面开发和真、善、美、爱的全面塑造，正所谓"十年树木，百年树人"。如果把教育仅仅看作用钱购买的商品，把受教育仅仅看成人力资本的投入，这一切又从何谈起呢？对于一个理性的社会，这显然是不可思议的；对于我们这样一个社会主义国家，这种论调就显得格外荒唐。再如，教育是储存知识、传授知识、创造知识的特殊行业，在传承文明、发展文明方面具有无可替代的作用。对于我们这样一个具有五千年文明的国家和民族来讲，尤其如此。这样的社会效益，难道是金钱可以衡量的吗？教育的特殊社会功能，需要保持学术的纯洁性，把保持良知、传承文明、探求未知、追求真理看成是自己的天职，学校尤其是高等学校应是圣洁的知识宝库、学术殿堂。为此，就必须为公立学，保证教育不被任何特定社会集团或社会阶层的利益所左右。如果教育成了商品，学校泛起铜臭味儿，还会有圣洁的学术殿堂吗？还会有严谨的科学精神吗？还会有真正的学术创新、学术繁荣吗？

正是基于教育的特有属性和它具有的功能，从我国的具体国情出发，在改革进程中我国逐步确立了向国民提供教育的两种方式：小学、初中实行义务教育，由政府财政全额资助；高中阶段教育、高等教育为非义务教育，实行政府与受教育者分担教育成本的政策。从国际惯例看，义务教育被视为基本的人权，一般被视为公共产品，政府对义务教育的发展负有不可推卸的政治责任，政府对义务教育的投入是完全的、必需的和强制性的，应该免费。义务教育之外的其他教育，是准公共产品，受教育者承担少部分成本是应该的。

实践证明，这样的制度设计适应社会主义市场经济体制，有力地促进了我国教育事业的蓬勃发展，取得了历史性的巨大成就。这样的实践也告诉我们，办教育要重视市场经济规律的作用，更要遵循教育自身固有的规律、人才成长的规律和学术发展的规律。越是处于市场经济为主导的社会，市场对社会对人们的影响越大，就越有必要保持某些领域的相对独立。我们不能把经济思维、市场观念用于一切地方、一切领域。而教育的性质和它对人类社会的意义，更是决定了它应保持必要的独立、清醒和冷静。1999 年 10 月，联合国教科文组织在巴黎召开了首次世界高等教育大会，大会一致认为市场规律和竞争法则不适用于教育。教育不是经济的一个分支。教育过程、教育目标、教育结果或"教育产品"都不能与经济相提并论。教育实际上具有自身特有的功能，它是社会的一个基本领域，也是社会存在的条件之一。教育同时具有文化功能、社会功能、经济功能、公民和道德功能。教育与整个社会及其各个领域相关联，教育保证社会的延续，保证人类在其全部历史中所积累的知识、技能和规范以及经验的传授。教育能使社会包括经济领域前进、进步、创新和变革。在教育的普及、文化的延续、学术的繁荣发展等方面，政府担负着重要的责任。

2. 教育是一种特殊的产业

1992 年，中共中央、国务院《关于加快发展第三产业的决定》中指出："教育事业是对国民经济发展具有全局性、先导性影响的基础产业，属第三产业。"[①]

在经济学的范畴内，产业，即生产物质产品或精神产品的一种活动，产业的属性包括企业化、商品化、等价交换、成本和利润等。教育行业的主要目的就是培养人，而培养人就必须要有各种经济投入，但是，教育的"产品"与其说是"教育服务"，不如说是这种服务的结果更为恰当，也就是所培养出的人才。我们不能把人看成是物质产品或者是精神产品，经过教育后的人，是全面发展的，由真、善、美、德、智、体等素质构成的主体，并且该主体有着较强的个性。从当前社会发展情况来看，教育是每个行业都需要的，并且教育这一特殊产业的发展，也需要社会各行业给其提供一定的条件。如果以上论述是合理的，那么教育这一特殊产业跟经济产业是绝对不能一概而论的。

根据经济学的相关理论和逻辑，在教育活动中，教师所出售的是自己的劳务，用以换取工资，而学生在毕业之后，进入某企业，通过出售自己的劳

---

① 王世忠，章元日.高等教育产业化的辩证观 [J].湖南师范大学教育科学学报，2004（01）：84-87.

务来换取一定的报酬。如果我们站在经济学的视角，将这一过程看成是商品交换的买卖行为，这也是可以的，但是，如果认为在这种商品交换中，把人的品格、素质都作为商品进行买进卖出，这是非常不合理的。

实际上，某位教师在给学生授课之后，教师头脑中的知识和思想不会因为"卖出"而有所减少，也不会有哪位学生，在缴纳学费之后，没有经过思考的过程，自己的头脑中就多了"买进"的知识和智慧。事实上，在教育的过程中，思想、智慧，包括情感，都是教育的主要内容。如果师生之间的关系以及学生之间的关系，都被商品化，那么学校就不再是学校，不妨称为"学店"，在这样的情况下，追求利润就成了学校发展的主要目标，学校也就失去了育人的功能。所以说，人的教育绝对不能被商品化。

教育的属性决定了教育的功能，现在来看，教育有着一定的经济功能，同时在政治、文化、伦理、宗教、美学等方面有发挥着一定的作用。如果站在经济学的角度，把教育的多种功能限定为仅有的经济功能，然后再进一步，把教育活动看成是经济活动的一部分，完全根据经济产业的一般规律开展教育，那么这就等同于不再承认教育的特殊规律，否认教育多种社会功能的存在。这就把经济生产和人力资本这一人类生存、发展和享用的手段变成了目的，慢慢地，人类就会被培养成"经济动物"，不再认可教育在促进人全面发展方面的功能，也就是放弃了对人的人文关怀。这与社会和人的可持续发展是相违背的。

（二）教育产业化的实质

教育是一种准公共产品，它的属性中有产业性的一面，但它是一种特殊的产业。教育产业化理论的核心主张是，把教育作为一个产业来发展和经营，以获取经济效益。

教育产业化的实质就是把教育的公共产品的那部分属性——公益性、事业性，掩盖、隐藏起来，甚至抹杀掉，将它看作完全的私人产品，根据私人产品的属性——商品性、产业性，按照投入、产出原则，依靠市场化的企业管理模式进行经营、运作，追求利润的最大化。教育一旦产业化，"化"的程度是无止境的，"化"有"彻头彻尾，彻里彻外"的意味，表示从量到质、从形式到内容的根本性变化。语义学认为，化得越是全面、深入、彻底，就越是成功。简言之，教育产业化，化掉的是教育作为公共产品的公益性、事业性，化掉的是教育的除经济之外的政治的、文化的、科技的、军事的、伦理的、生态的、美学的、宗教的诸多功能，剩下的只有赤裸裸的私人产品的商品性、产业性和经济功能。

推崇教育产业化发展的人，他们所认为的教育价值，仅仅是其经济功能，看不到教育在政治、科技、文化、美学等多方面的功能，这也是他们产生错误认识的根本原因。教育的多方面功能是客观存在的，是不能被消释的。尽管有些人出于某种目的，遮掩或者扭曲教育的功能，但它产生的影响只是一时的，是经不起考验的。目前，我国社会发展的重心在于经济建设，强调要发挥教育的经济功能，但是，如果有人出于私利，人为地掩盖教育的其他功能，那么他造成的后果是十分严重的。现如今，确实有很多国家对教育的某一功能予以了高度重视。但同时，还有些国家将教育当作公共的福利事业，实行全部免费制，使得教育的多方位功能得到了全面发挥。在过去，我们过于注重教育的政治功能，忽视了对教育其他功能的发掘，由此产生很多负面的影响，因此，我们要吸取这些教训，防止走向另一个极端，即仅重视教育的经济功能，忽视了教育的其他作用。

推崇教育产业化发展的人并没有把教育当作公共产品，而是当作一般商品，对教育的特殊性和多方面功能视而不见，把教育推向市场，试图用经济规律来对教育的发展加以影响，提倡用办企业的方式开办学校，鼓动学校多获取利润，从而谋求自身的生存发展。由于盈利是产业的根本属性，学校盈利就是教育产业化题中应有之义。试想，学校一旦成为企业，政府不再投入，学校自主经营，自负盈亏，学校还叫学校吗？如果教育真的成了营利性产业，那么学校在经营发展的过程中，就会把追求经济效益放在第一位，这样一来，学校就成了"学店",教师就成了店员,学生成了顾客,对于学校来说,利润至上;对于教师来说,创收至上;对于学生来说,有钱至上。那么,在这样的情况下,我们的教育将向哪个方向发展?我们的社会又将走向何方?如果我们当今的教育主要是为了培养"经济人",那么社会发展所需要的"合格公民""四有新人""社会主义事业接班人"又由谁来培养?由此可见,教育产业化对社会发展是十分不利的。

(三)必须旗帜鲜明地反对教育产业化

教育是国之根本,与国计民生息息相关,并且对一个民族的生存和发展有着重要的影响。教育是一种公共产品,是一项跟每个人都关系密切的公益性事业。教育能够给每个人提供平等的发展机会,同时承担着社会启蒙的重要使命。

1. 正本清源,坚持教育公益性原则

教育的本质决定了教育具有公益性,从根本上来说,教育根据社会经济发展的需求,培养具有相应素质的人才,从而推动经济发展和社会进步。所以,教育活动的开展必须要尊重社会全体成员的共同利益,而不应该成为少数人获取利益的工具。在谈及教育时,有一点是毋庸置疑的,那就是发展教育或者推进教育改革,其最终的目标,应该是维护教育的公益性,尽最大可能实现教育公平,从而保障人民群众的根本利益。

如果出现了单方面重视教育的商品属性,忽视教育公益性的现象,主要是因为对教育的社会属性没有全面的认识。一些公办学校凭借着公办优质品牌,向学生收取择校费、转学费,就相当于是按照市场价格来出售教育公共资源,这实际上跟公共利益相违背的。而在一些民办学校,乱招生、乱收费现象屡见不鲜,这就是把办学当成是一种获取利润的生意,谋求短期的经济利益,并不为学校的长远发展做打算,不思考学校所承担的教书育人的责任,这严重违背了教育的初衷。

不可否认的是,以盈利为主要目的的教育产业化趋向,必定会导致人民

在教育方面的负担加重，这样一来，人民群众平等受教育的权利就无法得到保障。如果任由教育产业化的趋势不断蔓延，那么就严重违背了科学发展观的精神，也不利于和谐社会的构建。因此，我们必须严格禁止教育产业化，促使学校办学回归教育本源。

2. 履行职责，发挥政府教育服务的主体作用

法律有明文规定，要求政府兴资办学、投资教育、资助贫困学生。《中华人民共和国义务教育法》第十条规定："国家对接受义务教育的学生免收学费。国家设立助学金，帮助贫困学生就学。"该法第十二条还规定："国家对经济困难地区实施义务教育的经费，予以补助。"①

在我国当前的发展态势下，教育不能采取由受教育者完全承担教育成本的形式，特别是基础教育，我们绝对不能把教育办成只为少数人提供教育服务的非公益性教育或贵族教育。因此，各级政府必须承担起发展各类教育的公共服务职能和主体作用，要不断加大对教育的投入，保证公民都享有平等的受教育的权利。目前，我国人均收入水平仍然较低，教育基础比较薄弱，在这种情况下，要想依靠社会力量出资，来满足人民不断增长的教育需求，是不符合实际的。事实上，我国政府一直致力于保障教育的公益性和公平性，并为此采取了很多重要举措。主要包括：根据相关法律法规，明确各级政府在教育投入方面的责任，通过各种渠道，增加财政性教育经费，不断完善义务教育阶段的管理体制，加大政府对农村义务教育的经济支持；完善助学制度，对家庭经济困难的学生，予以帮助，使其顺利接受义务教育，实行义务教育免费；对义务教育进行严格监督，对于乱收费现象严厉处置；对高等学校的收费标准予以严格控制，有关部属师范院校师范生免费，对贫困生资助制度加以完善等。

3. 加大社会参与，民办教育任重道远

坚持教育的公益性原则，并不是说发展教育的所有责任都在国家，也并

---

① 中华人民共和国义务教育法 [J]. 中华人民共和国全国人民代表大会常务委员会公报，2015（03）：537-542.

不是说国家要负责开办所有类型的教育。为了使公民多样化的教育需求得到满足，很多国家都在遵循教育公益性这一原则的基础上，加强调动社会的各方面力量，开展各级各类教育。实践证明，即便是经济最发达、社会福利程度最高的国家，如果仅仅依赖国家政府，那么也是难以满足民众多样化教育需求的。我国属于发展中国家，人口众多，导致我国教育需求更大，且更加多元化，所以，我国政府开办的教育是不能满足全部民众需求的。相比于发达国家，我国更需要动员社会力量来开办各种类型的教育。为了扶持民办教育的发展，国家颁布了《中华人民共和国民办教育促进法》及其实施条例。但有一点我们必须注意到，将市场机制引入到教育领域，确实可以让民众享受更多的教育服务。但是，如果仅依赖教育产业化，那么是无法平衡教育供求关系的，驱动教育市场的是私利而不是公益，如果任由教育市场无所顾忌地追逐私利，那么教育产业化就会向无序状态发展，甚至完全抹掉教育的公益性质。无论是民办学校还是公办学校，都是由国家批准设立的公益性机构，因此，这些学校在运行的过程中，必须要坚持公益性原则，也就是全面贯彻党和国家的教育方针，努力提升教育的质量，为社会培养优质人才，同时要注意避免非公益性因素对学生造成负面的影响。

总而言之，在社会主义市场经济背景下，我国教育系统要以适应市场需求为重要发展目标，可以适当引入竞争机制，从而提高教育资源的配置效率，也需要通过更多渠道来筹措教育经费；如果是非义务教育，则需要进行成本分担，支持某些类型的教育或者培训实行产业化运作模式。但是，这一系列改革措施，目的并不是要把整个教育系统变成营利性事业，因此跟教育产业化是不一样的。过去，我们不支持教育产业化，在今后，我国教育政策也不会倾向于教育产业化。我们反对教育产业化，从本质上来说，就是反对地方政府打着"教育产业化"的旗号，推脱办学和投入的主体责任，仅是反对学校公然出售教育资源，也是反对那些民办学校过度追求经济收益，而不考虑教育质量。教育关系到国家发展和社会和谐，教育作为公共服务的基本领域，其所具有的公共性和公益性不能被弱化，相反，要不断加强。因此，教育领域必须要明确反对教育产业化的发展。

第二节　高校贫困生资助体系的政策评价

一、评价的理论依据

（一）高等教育机会均等理论

教育公平以及教育民主的核心就是教育机会均等。由于个体之间在各方面存在差异，而且社会经济地位也不平等，因此对教育公平的关注集中在给所有人公平地发展和竞争的机会。

传统的教育制度仅仅对享有特权的社会阶层有利，因此，教育机会均等作为现代教育的基本理念，有着明确的价值指向，主要目的就是让那些处于不利地位的社会阶层能够接受与其他社会阶层同等的教育。机会均等的原则就意味着，无论个体在任何方面处于劣势，教育制度对他都是公平的。

教育机会均等的三个层面对应着三种不同类型的公平：入学机会均等——起点公平，进入不同教育渠道的机会均等——过程公平，取得学业成功的机会均等——结果公平。

所谓起点公平，是指保证每一个人的基本人权得到尊重，保证他能得到自由发展，也就是保证每个人都有平等的教育权利和均等的教育机会。

所谓过程公平，就是指在起点不公平的背景下，通过制订相应的制度，来维护教育公平，其中包括在教育过程中师生互动中微观层面的公平。

所谓结果公平，就是指体现在学生学习成果上的公平，也就是教育质量的平等，以及教育目标层面上的平等。

（二）高等教育成本分担理论

所谓高等教育成本分担原则，就是指高等教育经费由谁负责，或者说如何支付的问题，即政府、社会、企业团体、个人、家庭等社会各方如何合理分担高等教育经费。

如今，高等教育经费的来源多元化，在这样的背景下，由个人或者家庭承担一部分高校教育培养成本，或者提高个人或家庭的承担比例，成为很多国家的首选。

从公共经济学的角度来说，高等教育虽然有一定的竞争性，但同时也有排他性，并不是纯粹的公共产品，而是准公共品。同时，高等教育的收益有着很大的正外部性，社会收益远远大于个人收益，但接受高等教育者从高等教育中得到的收益，比如较好的职位、较高的薪资等，是完全可以内部化的，从这个角度来说，高等教育的个人收益是比较明显的。这就决定了，如果高等教育的成本完全由国家负担，那么就必然会出现高等教育供给不足的情况，如果单独由个人负担，又会导致很多家庭经济条件差的学生不能享受高等教育，因此，出于种种考虑，高等教育成本应当由国家和个人共同承担。

20 世纪 70 年代，美国经济学家 D·约翰斯通提出的高等教育成本分担理论认为，无论在什么社会和国家中，高等教育成本由政府、家长、学生、纳税人和高等学院几个方面来共同承担[1]。当今世界，除了一些具有较高福利的国家或者特殊国家对高等教育实行免费外，绝大部分国家和地区的高等教育成本都是由国家和个人共同承担的。

高等教育成本分担模式的依据是"受益者付费"这一原则。在市场经济背景下，在高校就读，对于一个人来说是收益较高的投资，而人们对高等教育需求的增长，直接导致高等教育规模越来越大，进而导致高等教育经费需求膨胀。

---

① 邱小健.民办高等教育政府公共教育财政资助研究 [M].南昌：江西高校出版社，2019.

从理论的层面来说，当社会收益比社会成本小，而个人收益比社会成本大，那么在个人需求的驱动下，高等教育的规模势必会不断扩大，进而导致高等教育成本与社会收益的差值，差值应该让受教育者个人来分担。直白地说，就是受教育者通过接受高等教育，得到了比他人更高的收益，因此受教育者或者其家庭应该适当承担高等教育成本。

高等教育收益率的研究表明，在我国，接受过高等教育的人，在工作以后，其经济收入有明显的优势，可见，高等教育可以理解为一项能够给个人带来收益的投资。虽然跟其他一些国家相比较，这一收益率还处在较低的层次，但是，从历史发展的方面来说，我国的高等教育收益水平正在不断提高，而且可以发现，新就业的接受过高等教育的年轻人们，其经济收入远比改革开放前就业的中年劳动者要高出很多。所以，在现时的私人成本和收益的格局下，进一步有限度地提高成本补偿水平不会造成居民接受高等教育积极性的下降。

（三）人力资本投资理论

1. 人力资本投资理论的提出

西奥多·W·舒尔茨是美国教授著名经济学家，1959 年，他在《人力投资：一位经济学家的观点》一文中第一次提出人力资本的概念。1960 年 12 月 28 日，他在就任美国经济学会主席的第 73 届年会上以"人力资本的投资"为题，对人力资本相关的理论进行了详细的说明，他的主要论点就是，从促进经济增长这一方面来看，提升人力资源所起到的作用远比增加物质资本和劳动力数量所起到的作用要更大。

瑞典皇家科学院称舒尔茨是研究人力资本理论的先驱者。1979 年，舒尔茨获得了诺贝尔经济学奖，贺词这样说："世界上大多数人是贫穷的，所以如果懂得穷人的经济学，我们也就懂得了许多真正重要的经济原理；世界上大多数穷人以农业为生，因而如果我们懂得农业经济学，我们也就懂得许多穷人的经济学。"① 这是对他的最高褒奖。

人力资本，就是劳动者在市场中所投入的知识、技术和管理方法的一种资源总称。其最重要的特点就是，人力资源天然属于个人，并且可以互相交易。而市场，就是财务资本和人力资源之间的一种契约关系。

舒尔茨采用经验研究法，对1929—1957年体现在雇佣劳动上的人力资本进行了估计，对学校教育投资的重要性进行了说明，在文章中，他证明学生在接受高等教育的过程中，所放弃的收入是人力资源价值的重要组成内容，并且，也应该成为人力资源投资决策中应该考虑的一个非常关键的因素。舒尔茨的研究，证明了一个重要问题，那就是一直以来，在美国的经济发展中，人力资本的投资报酬率一直高于物质资本的投资报酬率。

第二次世界大战以来，与自然资源、实物资源和劳动资源投入的增长相比较，国民收入的增长要快很多，而且那些在战争中经济遭到严重破坏的国家，都创造了较高的成就；还有一些资源条件略有不足的国家和地区，如亚洲"四小龙"，也实现了经济的飞跃发展。在舒尔茨看来，人力在很大程度上决定着社会的进步程度。而人力又是投资的结果，只有通过一定方式的投资，掌握某领域知识和技能的人才，才是一切生产资源中最为关键的因素。

概括起来有三点：其一，人力资本投资收益率比物力资本投资的收益率要高。在舒尔茨看来，人力资本投资收益率和物力资本投资收益率之间是存在一定关系的，二者的相对投资量，主要是由收益率决定。如果收益高，则证明投资量不足，那么在这种情况下，就需要追加投资；如果收益率低，就证明投资量过大，那么在这种情况下，就需要适当地减少投资量。当人力资本跟物力资本二者的投资收益率一样时，就是二者之间的最佳投资比例。如果二者还没有达到最佳状态，那么就要追加投资量不足的方面。当前，与物力投资相比较而言，人力资本投资量显得有些不足，所以，需要适当增加人力资本投资。

① 何爱平，张志敏. 马克思主义经济学与西方经济学的比较研究第2缉 [M]. 北京：中国经济出版社，2012.

其二，在各个生产要素之间，人力资本发挥着相互替代和补充的作用。在舒尔茨看来，现代经济发展不能仅仅依赖于自然资源和人的体力劳动，在生产过程中，要着重提升劳动者的智力水平，减少体力劳动的比重，增加脑力劳动的成分，以此来代替原有的生产要素。所以，通过教育而培养的人力资本，在经济发展过程中，会逐渐代替其他生产要素。比如，在农业生产中，对农民进行一定的教育和指导，对农业进行科学研究，能够代替部分土地的作用，促进经济增长。

其三，具体数量化计算，进一步说明人力资本是经济增长的根本原因。舒尔茨运用自己创造的"经济增长余数分析法"，对美国 1929—1957 年国民经济增长额进行了详细的测算，得出结论：约有 33% 是由教育形成的人力资本作出的贡献。

在舒尔茨看来，教育是通过提升人们处理不均衡状态的能力，来实现促进经济增长的。所谓处理不均衡状态的能力，就是指在经济条件发生变化时，人们所作出的反应，即人们根据经济条件的变化，对自己所掌握的金钱、时间等各种资源进行合理分配的能力。这种分配能力实际上就是处理不均衡的能力。要想获取这种能力，或者在原有基础上提升这种能力，主要依靠教育形成的人力资本。这种分配能力能够带来分配效益，从而在一定程度上促进个人以及社会的经济增长，增加个人的经济收入和社会的经济收入。

2. 人力资本投资理论的发展

继舒尔茨之后，诺贝尔经济学奖得主库兹涅茨在研究中，进一步证实了人力资本理论的正确性和有效性。经过长期的观察和实验，库兹涅茨认为，西方国家在发展的过程中，物质资本对国民收入增长的贡献率从 45% 降到了 25%，而人力资本的贡献率则从 55% 提高到 75%。

加里·贝克尔（Gary Becker）是真正给人力资本作出定义的人，在1964 年出版的《人力资本》一本书中，就十分清楚地说明："所有用于增加人的资源并影响其未来货币收入和消费的投资，为人力资本投资。"他在文章《人类行为的经济分析》中，从效用最大化这一原则出发，从更广泛的角度，对人类的经济行为作出详细分析，其中，人力资源问题是非常重要的一部分。加里·贝克尔研究人力资本有一个明显的特征，那就是他把人力资本理论发展为确定劳动收入的一般理论，确定了收入和人力资本之间的对应关系。在他看来，有很多复杂的现象，都可以用人力资本来进行分析。这些现象包括：

（1）随着人年龄的增长，其收入会按递减的比率增长，而增长率和减少率都与当前的技术水平成正比。（2）一般情况下，失业率与技术水平成反比，也就是如果技术水平较低，那么失业率就会越高。（3）在发展中国家，企业对雇员会表现出一种家长作风，对雇员有诸多要求和限制，而发达国家则不同，其人力资本有着较高的技术含量，如果企业对雇员过于苛刻，那么雇员就会离开，其人才的流动性比较大。（4）跟年龄较大的人相比较，年轻人能够得到更多在正规学校参与学习和培训的机会，也正因如此，年轻人会比较频繁地更换工作。（5）有突出表现的、有能力的人，往往会受到比其他人更多的教育和培训。（6）典型的人力资本投资者，一般来说会比财务资本投资者更加冲动。（7）如果人们能够了解到对人力训练的投资效益，远远大于对财务资本的投资效益，那么人们就会更多地投资人力训练。

在贝克尔之后，新发展经济学把人力资本当作经济社会发展的内生变量来进行研究，并认为，每个国家的经济发展速度不一样，其根本原因就在于人力资本的投资。其观点如下：

（1）人力资本的内容十分宽泛，不仅包括先进的知识和技术，还包括先进的思想和经营理念。在知识经济全球化的发展浪潮下，相比于其他要素，人力资本对市场竞争和经济发展发挥着更加重要的作用。因此，一个国家在财政预算的过程中，必须要对人力资本投资加强重视。

（2）在潜移默化之中，人们将会直觉地进行学习活动，这对人们的安身立命是十分重要的，相应的，教育将逐渐成为一种投资行为，而不再是一种单纯的消费。

（3）要结合实际情况，适当调整教育的结构，同时也要注意提高教育的质量，因此在市场经济背景下，人们所重视的不仅仅是文凭，还包括与文凭相符合的各方面能力。

（4）加强对人力资本的重视，必定会导致市场组织结构的变化，不仅一般意义上的资本所有者应当取得利润，人力资本所有者也应该取得跟简单劳动不同的回报。

3. 人力资本投资与高等教育

在接受高等教育的过程中，个人投资包括以下内容。

（1）直接投资，指上大学必须支付的费用，比如学费、书本费、学习用品费等。（2）间接投资，指因为上大学而放弃的一些收入。（3）非货币投资，指在大学期间所付出的精力，比如因为考试压力等造成的精神投资和心理投资。

高等教育给个人带来的收益包括以下内容。

（1）货币收益，就是指一个人在接受高等教育之后，在未来工作中所得到的收入会比没有受过高等教育的人要多。（2）非货币收益，就是指一个人在接受高等教育之后，其社会地位会得到明显的提升，并且由于在高等教育中获得较高的文化素养，所以他们在一些娱乐活动中会有较高的欣赏能力。

高等教育的社会收益包括以下内容。

（1）教育投资直接导致公民收入水平的提升，并促进社会财富的增长，从而在很大程度上，提高了整个国家和社会的福利水平。（2）教育投资能够有效降低失业率，从而降低失业福利支出，同时在社会层面上，还能起到预防、减少犯罪的作用。（3）较高的教育水平有助于提高政策决策过程的质量和决策效率。（4）父母接受教育的水平，对孩子的健康和教育状况有着十分关键的影响。如果父母接受过高等教育，其后代一般都有着较好的健康水平，并且也能接受良好的教育。（5）教育水平的提升直接导致整个社会道德水平的提升，降低了社会以及经济中的交易费用，提高市场效率。

人力资本投资于高等教育的相关结论有：

（1）市场以大学文凭作为选择人才的标准之一。（2）在其他条件相同的情况下，投资后的收入增量流越长，则一项人力资本投资的净现值就越可能为正。（3）在其他条件相同的前提下，人力资本投资的成本越低，那么就会有更多的人愿意投资于人力资本。（4）在其他条件相同的情况下，大学毕业生与高中毕业生之间的收入差距越明显，那么就会有更多人的投资高等教育。

（四）有偿资助原则

权利与义务对等，是有偿资助的核心思想，它不仅体现了高等教育在当今时代的价值取向，还体现出高等教育资助理念新的发展方向。

在社会主义市场经济背景下，权利与义务对等，不仅是按劳分配要坚持的原则，也是社会福利和社会保障所必须坚持的原则。虽然说，贫困大学生享有接受国家和社会资助的权利，但正如劳动者只有在履行劳动义务以后，才有权利享受社会保障一样，接受资助的贫困大学生也要履行相应的义务，才能享受被资助的权利。

一直以来，很多国家的高校都对大学生进行无偿资助，比如英国采取学费赠予制，美国采取助学金机制，我国高校则有免费入学的机制等，这都是在一定历史条件下产生的。20世纪70年代，西方国家经济发展达到较快的速度，这促进了产业结构的调整，在这样的背景下，出现了高素质劳动者供不应求的现象，于是，进一步扩大高等教育的规模，成为当务之急，而要想实现这一目标，就必须采取无偿资助政策。在西方国家，对高等教育进行宏观调控的同时，也承担了大部分的教育经费投入，其中包括对大学生予以经济救助。在中华人民共和国成立之初，人民经济收入普遍在一个较低的水平，在这样的背景下，国家开始支持工农子弟上大学，解决历史遗留下来的阶级差别，更重要的是，为百废待兴的中国培养各行业的优质人才，实行了免费教育的政策。

但是，随着时代的发展，"免费加助学金"资助模式的合法性已经慢慢消失。在国家扩大高等教育规模、促进教育机会均等方面，"免费加助学金"确实是起到了一定的积极作用，但是，20世纪70年代以来，在全球性经济危机和社会动荡中，西方国家进入大众化阶段的高等教育规模扩张与政府高等教育财政拨款萎缩之间的矛盾越来越明显，导致这一模式遭受重大冲击，对于这一情况，人们进行深刻的反思，最后发现，这一模式存在一些缺陷：第一，以"高等教育机会均等"为口号的"免费加助学金"模式，在实践过程中，却变成了"人人均沾""数量趋同"的平均主义的资助。第二，这种模式宣称以扩大均等、帮助贫困学生接受高等教育为宗旨，但由于"免费加助学金"模式使得教育成本大幅度增加，反而限制了高等教育规模的扩大；而正因为高等教育规模扩大受到限制，导致入学机会竞争越来越激烈，而那些在竞争中失败的学生，往往是经济条件较差的贫困学生，因为贫困学生所接受的基础教育，与富裕家庭所接受的基础教育相比，在质量方面是远远比不上的。第三，这种模式虽然秉持着"机会均等"的原则，但是，却忽视了高等教育与基础教育存在的差别，忽视了高等教育社会投资大、个人回报高这个事实，忽视了社会公平中"成本与收益"一致的要求，于是就导致这一现象的出现，即学生作为高等教育的受益者，并不用承担教育成本，而纳税人作为间接受益者，却要承受极重的负担；不用承担高等教育成本的学生，有的还另外获得生活补助，他们在毕业后得到的收益最大，而他们所获得的回报远远高于社会给高等教育的投资。一方面由于资金不足，另一方面由于存在上述问题，在20世纪80年代中期，世界各国在构建新的资助理念的基础上，开始建立新的资助政策体系。在高等教育成本分担理论的影响下，各国政府开始减少对大学生的无偿资助，开始进行有偿资助，比如鼓励学生勤工俭学，或者通过助学贷款来帮助贫困学生。1997年，我国开始全面实行"招生并轨"，自此以后，高等教育不再是免费的教育，开始实行缴纳学费的制度。大学生资助模式也发生了变化，即从无偿为主变成有偿为主。

1. 资助理念的现代化

（1）有偿资助体现了人力资本投资理念。从本质上来说，高等教育是对一个人未来发展的投资，接受高等教育的人，可能会取得更大的成就，成为这项投资的最大受益者，所以，从这个角度来说，"受益者付费"是符合市场经济规则的。

（2）有偿资助体现了高等教育机会均等理念。有偿资助的根本目的是使具有较强支付能力的学生不愿意申请资助，而支付能力较弱的学生能够得到资助；它是公平的，给每个大学生都提供一样享受权利的机会，可以让大学生根据自己的实际情况自由选择。

（3）有偿资助体现了高等教育成本分担理念。1997年，我国高等教育全面实行收费制度，上学缴费合理合法，并且也是合乎国际惯例的。一般来说，高校的经费来源有三种，一是学生缴费，二是政府拨款，三是社会捐赠。《中华人民共和国高等教育法》明确规定，享受高等教育的学生，必须按照国家的规定缴纳相应的学费。所以，所有上大学的学生，都有缴纳学费的义务，作为高等教育的最大获益者，学生需要承担教育成本，贫困并不是免费上大学的理由。

2. 资助效能的最优化

有偿资助与免费是不同的，学生要想获得资助，就必须履行相应的义务，比如付出一定的劳动，或者承担还款的责任。正因如此，它才能实现这样的目标：不需要资助的人不会要求资助，需要资助的人通过相应的手续，便能够得到资助。其效能最优化体现在以下方面：

（1）效率优先，兼顾公平。有偿资助将有限的资源完全用在贫困生身上，有效提高了解资源的使用效率。而且得到资助的贫困生，是需要承担还款责任的；而没有得到资助的学生，不用承担还款的压力，从这方面来说是比较公平的。

（2）解困育人，完美结合。有偿资助的根本原则是权利和义务对等，它在帮助贫困生顺利接受高等教育的同时，也避免了依赖思想的滋生，贫困生会通过助学贷款、勤工助学等方式，以工代赈，以酬代补，自立自强，牢记责任和义务，形成奋发图强的精神。

（3）对号入座，自动界定。如何界定贫困生，一直以来都是高校助学工作面对的一个重要问题。对于贫困生的界定标准，学界一直有着各种各样的争论。虽然有各种各样的证明材料，但实际上真伪难辨；还有在界定过程中产生的一些副作用，对贫困生的心理会造成一定的负面影响。而实行有偿资助，这一系列问题都可以得到妥善解决。有偿资助奉行权利与义务对等的原则，所以，解困资源就不再是免费午餐，只有真正贫困的学生，才会去争取这样的权利。这样，一个学生到底是不是贫困生，他们自己就能对号入座。

（4）消除阴影，健康发展。为了提升无偿资助工作的有效性，高校付出了很多精力，比如对申请资助的贫困生进行调查摸底、集体监督，其中必然会涉及贫困生的一些隐私，这给贫困生造成了极大的心理压力，甚至会使他们形成自卑、内向的性格，这对他们日后的发展是十分不利的。而有偿资助具有自动界定贫困生的功能，所以上面那些可能会带来副作用的程序都可以省去，高校也不用公开贫困生的个人隐私。并且接受资助的贫困生，需要履行相应的义务，这种取之有道的方式，使得贫困生可以坦然面对自己的学习生活，这对其健康发展是十分有利的。

（5）弥合隔阂，加强团结。无偿资助会导致学生们争相争取贫困资源，对解困资源的需求会日益膨胀，学生的义务感会慢慢消失；学生们为了争夺这块免费的蛋糕，难免会产生很多矛盾，导致学生们互相歧视，甚至划分出等级，影响学生之间的团结。而在实行有偿资助后，贫困生和非贫困生之间的界限不再那么明显，有助于消除学生之间的隔阂。

（6）精兵简政，省钱省力。贫困生资助工作有很多个步骤，比如申请、认定、审批、发放等，中间的流程十分繁杂，且耗时耗力，最终的结果也不一定理想。而实行有偿资助，能够降低认定成本，简化申办手续，起到事半功倍的效果。

3. 资助行为的持久化

由于资助资源的高效、循环使用，符合可持续的科学发展观，验证了有偿资助强大的生命力，必然会为高校贫困生资助工作的开展提供有力的支持。

二、评价的具体过程

在资助贫困生的过程中，奖、贷、助、补、减等方式起到了重要的作用。为了使助学工作得到进一步完善，我们需要从客观的角度出发，把各种方式在实行的过程中体现出的弊端加以分析，这样才能在日后的助学工作中扬长避短，提升助学育人工作的时效性。

（一）关于奖学金

（1）奖学金是发给成绩优异的学生的，这对贫困生的帮助并不大。在奖学金竞争中，靠的是综合素质，可以发现，在获得奖学金的学生中，贫困生比率是较低的。因为贫困生基本上来自经济、文化、教育比较落后的地方，其文化基础较差，在进入大学后，即便他们刻苦学习，也很难赶超其他学生，因此很难获得奖学金。另外，贫困生面临着较大的经济压力和精神压力，有的还要为了生活而去打工，这都会对其学习造成影响，进而影响其学习成绩。

（2）"国家奖学金获得者可减免当年学费"这一政策存在非议，一些高校存在经费紧张的情况，所以很难执行这一政策。

（3）国家奖学金是专门为贫困生而设的，这会导致优秀学生心理不平衡，让他们觉得越困难越光荣，学习反而没什么用处。

（4）国家奖学金名额较少，而金额偏大，能获得奖学金的人很少，所以会让学生产生"一夜暴富"的感觉。

（5）在我国高校，奖学金有着一定的历史，它主要有两个作用，一是激励作用，二是资助作用。从激励作用来说，奖学金确实起到了很好的效果；但是从资助的方面来说，由于奖学金是免费给学生的，不需要学生履行什么义务，这并不符合高等教育理念，也不利于学生的成长，有可能使学生产生很多错误的观念和想法。

（二）关于助学贷款

（1）贷不应求，贷款进度较慢，效率低，发放金额较少，很难满足贫困生的贷款需求。

（2）慎贷惜贷，一些银行对风险的判断和估计过高，在贷款发放方面过度谨慎，且手续十分繁杂，工作量大，消极抗贷。

（3）还贷期限过短，导致学生在毕业后面临着较大的还款压力，到期难以还清，致使违约率上升，对学生的信用造成一定影响。

（4）诚信不足，还贷率低，国家信用体系建设不完善，违约受罚的法律法规不到位，存在较多的赖账现象。

（5）国家没有担负起资金投入主体责任，贷款本金应由国家承担，银行只负责操作，收取相应的手续费，实现零风险，提高积极性。

（三）关于勤工助学

（1）勤工助学存在的最大的问题就是资金不足，劳动岗位偏少，而报酬偏低。

（2）勤工助学的方式比较传统，基本上还停留在"劳务型"的层次，没有什么技术含量，不能发挥学生的专业特长，在这样的劳动中，学生得不到专业能力的锻炼，也得不到较高的报酬。

（3）有一些贫困生在勤工助学过程中，不能妥善处理工作、学习二者的关系，导致没有充足的学习时间，从而耽误了学业。

（四）关于困难补助

（1）困难补助是由国家、学校或社会团体拨出专款或专用物资发放给贫困生的一种资助方式，它是无偿的。学生如果遭遇意外变故，那么困难补助对学生来说就能解决大问题。但是，如果大面积、经常性地给学生发放，就难免会让学生产生懒惰和依赖心理，导致学生不愿意通过自己的努力去解决问题，形成不劳而获的习惯。

（2）评定、发放困难补助，手续十分繁杂，工作量大，人为因素多，各种困难证明材料真真假假，难以辨别，从而导致评定的结果准确性不是很高。

（3）由于贫困生评定的准确性不是很高，非贫困生拿补助的情况时有发生。不该补助的被补助，会造成新的不公平现象。

（4）评定困难补助的过程，比如调查摸底、群众评议、网上公示、大家监督等，其中难免会涉及学生的个人隐私，从而让学生产生较大的心理压力。并且，学生还会争抢这份补助，从而使得学生之间产生嫌隙，影响学生的团结。总而言之，这一过程会产生很多负面的影响。

（五）关于学费减免

（1）学费减免与困难补助虽然形式不同，但其本质是一样的，同样都是纯福利性的资助，这一方面会给学生的成长带来负面影响，另一方面还会让学生形成很多不好的习惯，所以，减免学费政策应该从助学体系中淡出。

（2）高校执行学费减免这一政策，并没有太高的积极性。高校的经费一向紧张，而且每年的总量是一定的，与国外高校相比，少得可怜，学杂费减免的人越多，剩下的就越少。

（3）在学费减免政策执行过程中，有很多并不是事前由学生申请，并经过高校批准的，而是一些学生出于各种原因拖欠学费，最后学校迫于无奈，才勉强将他们追认为贫困生。学生在拖欠学费后，不仅不会因此得到处罚，反而获得学费减免的机会，这种现象的存在，不利于良好校园风尚的构建，助长了"不办贷款等减免、贷款不还等核减"的无赖心理。

（4）导致新的不公平。高校的经费，无论是国家下拨的经费还是学生缴纳的学费，都是用来为全体学生服务的，每个取得入学资格的学生对学校的经费都享有平等的使用权。将属于全体学生的费用无偿地分配给部分学生，这是不公平的。

三、评价的最后结论

我国高校目前采用的常用助学方式有"奖、贷、助、补、减"，分别指奖学金、助学贷款、勤工助学、困难补助、学费减免这五种形式。每种方式都有它独特的效能，都是不可替代的；与此同时，每种方式也有它的副作用，这也是很难避免的。如果将上述五种方式进行比较，进行利弊的权衡，那么我们可以得出以下结论：

五种资助方式的最优化排序为：助学贷款＞勤工助学＞奖学金＞困难补助＞学费减免。

这一结论也是许多高校在实际工作中的经验。

第三节　高校贫困生资助体系的政策思考

一、资助角色的位阶思考

高校贫困生资助体系是由多个因素组合而成的，包括政府、社会、学校、家庭等。资助的过程具体来说就是在经济方面、精神方面以及政策方面对学生进行支持与帮扶。作者认为，家庭、社会、学校是有一定联系的，在资助学生时充当着不同的角色，具体来说，政府是资助学生的主体，社会是资助学生的支撑，学校是资助学生的载体。

（一）政府是主体

那么政府是如何在资助中充当主体的呢？具体来说就是政府是资助学生的第一出资方，政府的帮扶力度最大。除此之外，还是法律规定的责任与义务。《中华人民共和国宪法》第19条规定："国家发展社会主义的教育事业，提高全国人民的科学文化水平。国家举办各种学校，普及初等义务教育，发展中等教育、职业教育和高等教育，并且发展学前教育。"《中华人民共和国高等教育法》第55条规定："国家设立奖学金，并鼓励高等学校、企业事业组织、社会团体以及其他社会组织和个人按照国家有关规定设立各种形式的奖学金，对品学兼优的学生、国家规定的专业的学生以及到国家规定的地区工作的学生给予奖励。国家设立高等学校学生勤工助学基金和贷学金，并鼓励高等学校、企业事业组织、社会团体以及其他社会组织和个人设立各种形式的助学金，对家庭经济困难的学生提供帮助。"通过这些法律我们就可以发现，国家政府对学生进行经济上的资助是法律明确规定的责任；是建设中国特色社会主义现代化国家的重要举措；是优化国家教育结构，促进教育公平与教育公正的重要方式；是促进社会基本公共服务均等化，促进社会更加公平和谐的必然要求。

随着时代的进步与发展，中国社会经济繁荣发展，我国高等教育变得十分普及与大众化，在这种形式与状况下，高等教育资助体系的构建是十分有必要的。简单来说，就是在对高等教育实施收费制度的同时，还要对贫困生的资助体系进行完善。纵观历史长河我们可以发现，普通高等教育发展至今，不管变得多么的市场化与功利化，它都拥有公益性与公平性，所以，资助体系是高等教育投入体制的重要组成部分，在高等学校收费中我们应该通过资助体系进行补充。在日常生活中我们可以发现，公办的全日制高等学校是由中央政府与地方政府共同投资创办的，所以其主体是国家，所以只有将大学生的贫困资助纳入国家教育体系中才能让国家的主体地位进一步体现。

除此之外，国家还是法律法规的制定者与指导者，资助体系中的很多法律政策都是在国家的指导下制定而成的，比如《国家助学奖学金制度》《关于进一步完善国家助学贷款工作的若干意见》等。由此，我们就可以看出国家在资助体系中处于主体地位，而且是无可争议的，是其他各方都无可替代的。对资助体系进行调查研究我们就会发现，正是国家制定的这些法律政策才构建出了现在贫困生资助体系，与此同时，当这些法律政策需要完善与充实时，也都是依靠国家进行调整与改变的，因此，政府是贫困生资助体系的主体。

（二）社会是支撑

根据我国社会经济的发展状况，对高等教育的投资状况进行调查研究，我们可以发现，社会的捐赠对高校的贫困生资助体系起着十分重要的支撑作用，主要的资助形式是社会的直接捐助与社会的间接捐助。直接捐助具体来说就是将企业、普通的群众作为捐赠主体，直接对高校的贫困生进行资助。间接捐助与直接捐助是有所不同的，具体来说就是群众等捐助的主体购买福利彩票、教育彩票等行为。尽管目前我国社会还没有发行教育彩票、教育公债，但鉴于其强大的融资功能，作者相信教育彩票、教育公债的发行已为时不远。通过社会的力量去资助大学生或者资助高等学校的教育，已经不再是一种令人震惊的事件，而早已经是一种国际惯例。在美国，这种通过社会的力量资助高校的教育已经是一种流传很久的传统，除了收取学费之外，社会各界的捐赠与支持也是美国高校进行办学时经费的主要来源。20世纪的美国经济飞速发展，美国社会出现很多富人群体，他们中有些人对高校的高等教育十分关注与热心，很多人都将自己钱财资助于大学的建设与发展。社会捐助的来源是社会各界的人士。除此之外，还有来自组织机构的捐助，比如洛克菲勒基金会。除了美国之外，其他国家的社会捐助对高校的发展也具有十分重要的影响。在日本，社会对公办学校的捐助占学校总收入的15%，对私立学校的社会捐助占学校总收入的50%以上。由此，我们就可以发现，世界范围内，社会捐赠是高校发展的重要支撑，是资助贫困生发展的重要支撑。但是对我国高校资助体系进行研究我们发现，社会对高校的捐赠始终处于严重缺位的状态，社会对高等学校经费的捐助是十分有限的，社会捐赠占高校总收入的比例很小。造成社会捐赠严重缺失的原因，跟我国社会捐赠文化氛围不浓、公民捐赠意识淡薄、高校募捐观念保守、捐赠法律不完善、捐赠渠道不通畅、捐资运作公信力不强等诸多因素有关。

（三）高校是载体

在贫困生资助体系中高校扮演着很多角色，包括资助体系中的第三出资方、资助政策执行的中介方、"助学育人"中的"育人"主体以及资助体系的受益者。

首先，高校是资助体系中的第三出资方。我国的教育部与财政部规定高校每年都需要从收取的学费当中提取10%，用于发放给勤工助学学生的报酬或者用于其他的资助工作，通过上述分析，我们可以发现，政府在高校资助方面的主体能力是有限的，社会捐赠在我国高校的捐助体系中严重缺失且不完善，因此，很多高校在贫困生资助方面承担着一部分国家政府与社会的责任。研究发现，国家的一些贷款资金还没有实现全覆盖，所以很多资金的资助都是高校自己进行出资的，由此也可以看出高校在所有的出资方中的地位只是仅次于国家这个第二出资方。甚至还有一些人认为对高校贫困生的补助就应该是高校出资。但是高校的资金是有限的，一部分需要用于科学研究。因此，高校自用的资金资助贫困生方面的潜力是不大的，高校只是资助贫困生的一个重要载体。

其次，高校是实施贫困生资助的执行者与中介方。政府对学生进行贫困生资助最主要的依托者就是高校，具体来说就是政府制定一些政策与制度，具体的执行与落实都是依靠高校进行。然而这些执行的工作就属于中介性质的工作，举例来说就是高校对申请国家资助贷款的学生进行筛选与认证，对证明等资料进行集中地收集与报送。除此之外，高校还对此进行宣传与组织。由此可以发现高校既不是资助资金的出资者，也不是助学政策的制定者，因此高校既不是资助方的主体也不是接受资助的客体，所以高校担任的就是贫困生资助的中介方与执行者。

最后，我们发现，高校还是贫困生资助体系的受益者，这主要体现在两个方面，第一方面就是国家的投入与社会的帮助确确实实给贫困生带来一些帮助，所以高校的压力就小了一些，这时高校的发展就会有更大的经济动力，这样高校就有精力开展各种活动，从而让高校得到全面的发展与进步；第二个方面就是高校大面积的扩招导致的学费拖欠问题也得到了解决，国家助学金贷款制度日渐完善之后，很多的贫困学生可以补交拖欠的学费从而缓解学校的资金压力。由此，我们可以发现，在完善的贫困生资助体系中，除了学生之外，高校也是受益者。

（四）家庭是基础

这里所说的家庭是指贫困生的家庭，由于这些家庭的经济状况较差，所以对学生的帮助只能起到最基础性的作用，只能算作第四出资方，但是家庭是学生赖以生存的精神支持。

从整体上说，贫困家庭本身就是社会当中的弱势群体，面对高昂的学费，将子女供养到大学阶段已经是举步维艰。国家实施贫困生助学贷款政策，可以有效解决学生上大学学费的问题，从而让学生有机会接受高等教育。但是我们需要注意的是，这些助学贷款是需要还的，所以这只能暂时解决他们的困难，并不能将这一问题彻底消除。

面对这种情况，高校在教育学生时一定要让学生清楚与明白，现在的困难只是暂时的，知识是一定可以改变命运的，只有接受教育学生才有机会改变现状、脱离贫困，也正是这样的想法才是贫困学生克服艰难险阻的精神支柱。

二、资助政策的立法思考

（一）明确政府的主导作用

贫困生的资助具体来说，就是当学生在求学的过程中经济上出现问题时，国家、社会组织以及学校对他们进行经济上的帮助与支持。通过参与的主体我们就可以发现，这是一项社会公益事业，并且是十分复杂的社会公益事业。面对它的复杂性，我们需要建立一个十分完善的法律法规与制度来对它进行规范。

根据上述的研究，我们就可以发现，这些政策的制定与完善是需要国家进行的，所以国家在助学体系中是处于主体地位的。对于完善这项法规与政策中央政府责无旁贷。

从法律的角度来看，对学生的资助行为主要包含两个方面的法律内容，主要就是行政法律关系与民事法律关系。行政法律关系具体来说就是两者之间是行政合同的关系，民事法律关系具体来说就是资助关系中包含民事借贷关系与民事赠与关系。从本质上看，对贫困生的资助行为就是国家、社会对经济困难的学生在经济上进行的帮助，同时这也是国家保障社会教育机会均等的责任与义务。那么贫困的学生接受教育资助就是学生实现受教育权的具体体现。

在对学生的资助体系进行立法的时候我们一定要树立"有权利必有救济"的理念与原则。救济是一种具有纠正性质的权利，这种权利可以纠正在法律关系中他方当事人因为违反义务而造成的后果。权利的保障是当今时代现代法精神的中心环节与主要内容。在立法的过程中，对政府必须要管理的内容、公民应尽的义务与需要行使的权利都需要进行完善的制定，但是在制定制度的时候，我们应该将立法的重心与出发点放在权利的保障上。所以，对权利的保护与确认是运用法律调整社会关系的根本宗旨。在法律体系中制定的所有法律制度，本质上就是对各种权利的保障。如果法律中没有将这些权利进行保障，那么法律将会变成一纸空文。所以对权利的保障是十分重要的，在立法的过程中一定要体现出权利被侵害然后得到救济的机制，从而让贫困学生的受教育权能够被充分地行使与享有。

当前《中华人民共和国教育法》以及《中华人民共和国高等教育法》都

已经对贫困生的资助行为进行了概括性的规定，对学生资助的规定我们可以按照教育法规的形式进行制定，但是效力是从属于《中华人民共和国教育法》和《中华人民共和国高等教育法》的。立法的过程中，我们一定要考虑到这些问题，第一要对资助的理念与资助的原则进行确立；第二就是要对资助机构的权限进行规定；第三要对进行资助的主体与接受资助的对象进行确立；第四要对资助经费的来源与使用进行制度的管理与规定。在日常生活中我们可以发现，只有好的法律法规才会更加容易地被人们接受与推行下去，才能实现真正的法治。因此，在制定贫困生资助体系的法律法规时，我们一定要考虑到各个方面，只有对各个方面进行研究，我们才能制定出完全符合贫困生权益的制度，才能全面促进资助体系法制化的建设。

（二）现有资助法律的评述

现有关于学生资助的法律规定，主要集中在《中华人民共和国教育法》与《中华人民共和国高等教育法》之中。

《中华人民共和国教育法》第三十七条规定："国家、社会对符合入学条件、家庭经济困难的儿童、少年、青年，提供各种形式的资助。"

《中华人民共和国高等教育法》第九条规定："公民依法享有接受高等教育的权利。国家采取措施，帮助少数民族学生和经济困难的学生接受高等教育。"第五十四条规定："高等学校的学生应当按照国家规定缴纳学费。家庭经济困难的学生，可以申请补助或者减免学费。"第五十六条规定："高等学校的学生在课余时间可以参加社会服务和勤工助学活动，但不得影响学业任务的完成。高等学校应当对学生的社会服务和勤工助学活动给予鼓励和支持，并进行引导和管理。"

对以上的法律规定进行研究我们可以发现，以法律的形式对学生进行资助的形式包含奖学金、助学贷款、学费减免等学生资助体系。

除此之外，国家还制定了一些其他的法律法规，举例来说，如《国家助学奖学金制度》《关于国家助学贷款的管理规定》《关于进一步完善国家助学贷款工作的若干意见》《高等学校毕业生国家助学贷款代偿资助暂行办法》《高等学校勤工助学管理办法》《教育部关于建立国家助学贷款学生个人信息查询系统的通知》等。正是这些法律法规，才让学生的资助体系有了制度的保障。

要想完善中国特色教育法规体系，就需要对我国高等教育体系的法规进行建设与完善，因为高等教育是中国特色教育体系中的重要组成部分。中华人民共和国成立以来，我国的法制建设在不断完善，并取得了历史性进展，当前已经建立了中国特色社会主义高等教育法律和制度体系。法律制度的完善，不仅可以促进我国教育事业的发展，而且还有利于人们形成法律意识，使依法治国的理念在人们心中生根发芽。

社会在快速地进步与发展，对高等教育不断地提出新的要求，所以原先制定的一些关于贫困生资助的法律法规已经无法适应当今时代的发展，立法工作已经显得有些落后。从资助体系这个角度来看，我们也可以发现，当今的资助体系还处于不完备、不健全的状态。虽然在一些基本法律中对资助的体系制定有所涉及的，但是这个体系还是不健全与不完善的。比如《中华人民共和国高等教育法》中，有对贫困生资助方面的内容进行规定，但是在实施的过程中，立法时的理想与现实是有很大差距的。探究其原因我们就可以发现，其中这些法律条文从本质上说还是一种宣言性的立法，法律条文中很少对资助的实体性进行规范与研究，同时也没有对资助的程序进行规范，所以高校在对贫困学生进行资助的时候就会感觉无从下手，由此就可以看出这项法规政策缺乏合理性、针对性以及实操性。另外，当时对学生进行资助还不是一种十分普遍的行为，所以政府、学校与社会并没有进行全面落实，所以也就导致这些法律法规在实施的过程中难以产生真正的效益。这样就让立法的权威性大打折扣。然而一些大纲性的政策也缺乏稳定性，而且在实践中也缺乏一定的实操性，正是这样的原因让贫困生资助体系中的制度都难以落实，所以制定贫困生资助体系的相关法律制度是十分迫切的，并且是有必要的。

（三）资助立法的原则

进行法制建设，立法是首要前提，制定良好的、合理的法律法规是必须要遵循的原则与前提。只有做到有法可依，才能推进法制的建设，那么什么才是良好的立法内容呢？具体来说，首先是符合事物发展规律的；其次是可以反映人民意志与精神的，能够满足人民需求的；最后是在形式上符合立法的程序与技术内容是符合规范要求的。只有质量高的法律法规才能更容易被人们所接受，才能更好地实施下去，因此，在对资助体系进行立法的时候要坚持以下原则。

1. 公平原则

要想实现社会的公平与教育的公平就需要通过资助公平来实现。约翰·罗尔斯是哈佛大学著名的哲学家与思想家，他提出了著名的正义原则，"平等自由原则""机会公平原则""差别原则""补偿原则"，也就是"所有的社会基本善、自由和机会、收入和财富及自尊的基础——都应被平等地分配，除非对一些所有社会基本善的一种不平等分配有利于最不利者"[①]。具体来说就是，每个人都应该有最广泛的自由，并且每个人拥有的自由应该相同，除此之外，社会上的最少受惠者应该有最大利益，社会上的职务与地位应该对所有人开放。我国学者认为，教育公平应该是国家、政府和社会根据社会当中人们对教育的需要以及人们对接受教育的意愿，对教育资源与教育机会进行合理的分配。教育公平意味着人们的教育机会是均等的，教育公平又指很多方面，具体来说接受教育的机会是均等的，使用教育资源的机会也是均等的，获得教育最终成功结果的机会也是均等的。那么对于学生进行的资助制度，我们也应该遵循公平的原则，这样才能让每个需要帮助的学生都能得到帮助。资助制度让学生的教育机会得到了保障，缓解了学生在求学过程中在经济方面出现的问题，让很多贫困学子不再因为交不起学费而辍学。除此之外，对学生的资助制度，让学生接受教育的机会变得均等，这样学生就有机

---

① 约翰·罗尔斯. 正义论 [M]. 何怀宏，等译. 北京：中国社会科学出版社，2001。

会通过知识来改变命运，从而让一些家庭得以摆脱贫困，进而促进社会的进步与发展。

2. 效率原则

对学生进行资助的资金是有限的，如果想用有限的资金获得最大的效益就需要我们提高资金的利用效率，从而帮助更多的贫困学生。一般情况下，贫困生获得的资助资金不应该高于学费与生活费。所以，美国运用了"资助包"方法，具体来说就是对学生的就学成本与家庭的贡献进行分析，计算出学生的经济需要，根据不同学生的情况来进行不同形式的经济资助。根据学生的情况对学生进行资助，不仅可以掌握资助的限度，而且还可以将资金进行合理的分配，避免资金总是集中在少数群体上，也避免贫困学生没有获得资助的现象出现。只有恰到好处的资助才是最有效与最好的资助，但是要想达到这个效果就需要我们在关注公平的时候还能兼顾效率。

3. 可持续原则

我们要运用可持续的原则来保障资金的来源。那么对学生进行资助的资金来源主要包含哪些呢？具体来说主要就是政府的财政拨款、企业与个人的捐助等。从资助的范围与资助的力度来看，政府对学生的资助力量是最大的，是企业与个人对学生的资助无法与之比较的。

但是，教育财政短缺是当前世界普遍存在的问题，如果完全依靠国家的资金来对学生进行资助，那么国家的财政将会不堪重负，所以国家就要运用可持续的资助方式，推广有偿资助，让无偿资慢慢淡出资助体系。具体来说有偿资助主要包含勤工助学与助学贷款，有偿资助不仅可以缓解政府的财政压力，而且还实现了受益者付费的理念，从而让资助的资金得到循环的使用，让更多的贫困学生拥有获得资助的机会。另外，有偿资助还可以避免学生出现"等、靠、要"的依赖思想，从而培养学生自强自立自尊的精神，从而实现对学生资助的可持续发展。

三、资助原则的改革思考

高校教育的改革随着时代的发展处于发展与变化之中。随着学校收费制度的实施、大众教育的普及，出现了很多新的问题与很多新的情况，所以我们在制定大学生资助制度的时候要与时俱进、解放思想，从而制定出符合高等教育理念、灵活多变的资助方式。

（一）助学育人原则

1. 概念的提出

在教学的过程中我们经常可以听到"教书育人""管理育人"等育人方式，"助学育人"与其他育人方式一样，也是十分重要的，是需要大力提倡的，具体来说就是"高等学校在资助贫困学生完成学业的同时引导学生健康成长成才的过程"。作者认为高校的"三育人"理念与原则已经不适应当今时代的发展了，应该变成"四育人"的模式，这样对学生进行教育可能更加合理。"助学育人"这个概念的内涵和外延有其丰富的含义，比"教书育人""管理育人""服务育人"在育人方面更富有支撑力。高校里的思想政治工作如果加上"助学育人"这样一个可以容纳更多实际内容的载体，其效果肯定会理想得多。

2. 育人的意义

一个国家的未来、一个民族的希望就是青年学生，而当代的青年学生就是大学生。我国正处于社会主义新时代，在社会主义新时代，只有加强对青年学生的思想政治工作，尤其是加强贫困生的思想政治工作，提升其思想政治素质，将学生培养成中国特色社会主义优秀的接班人和建设者。当今时代，国际竞争是科技的竞争与人才的竞争，所以要想实现建设社会主义现代化强国的宏伟目标，也需要加强对青年大学生的思想政治教育。

3. 贫困生思想现状

随着时代的发展与进步，学生的思想也在不断地发生改变，贫困生的思想也在不断地变化，他们思想的独立性、选择性以及差异性正在逐渐增强。研究发现这样的思想有利于大学生树立自强意识、创新意识等，但是凡事都是具有两面性的，这样的思想还会带来一些负面的影响，比如有些贫困学生会出现政治意识思想淡薄、社会责任感缺乏、团结协作观念较差等问题。归根结底，造成这些问题的主要原因还是高校没有将生活实际与思想教育紧密地结合在一起，导致学生感觉这些思想政治教育太过脱离实际，时效性不强。

4. 以助学为载体，充分发挥其育人功能

对贫困生进行经济资助的时候，我们应该努力发挥助学育人的作用。对学生的资助不能只是简单地进行物质上的资助，在精神上也要对贫困学生进行资助，将经济资助与思想资助结合起来，让经济扶贫与精神扶贫一起进行，在思想上对学生进行教育，可以让广大的青年贫困生感受到党和国家对自己的关怀，从而让青年学生拥有自强、进取、成才的思想，常怀感恩的心，为祖国的发展与进步贡献自己的力量，回报祖国，回报社会。

助学育人，是当今时代对青年学生进行思想教育的新方法，要想运用好这个新方法就需要我们努力把握时代的规律性、时效性与创造性。

在具体的实践过程中，我们要积极寻找可以对贫困生进行长期资助的长效机制，比如将经济资助与社会服务相结合、将经济资助与创新创业相结合等等。这样不仅可以保护贫困生的自尊心，还可以让学生形成良好的心理品质，自尊、自爱的美德，以及面对生活困难努力克服的优良品格，还可以让学生形成正确的三观，增强社会责任感，培养品格，从而更好地服务社会、了解社会、增长自己的才干，进而促进贫困学生的全面发展，让自己成为一个有理想、有道德、有文化的社会主义接班人。

（二）助学贷款为主原则

前文提到五种资助方式的最优化排序为：助学贷款＞勤工助学＞奖学金＞困难补助＞学费减免。在这个排序中我们可以看到助学贷款是排到第一位的，主要有以下三个方面的原因：

1. "助学贷款"具备有偿资助的全部优势

首先，从助学贷款的理念角度来看，我们可以发现助学贷款的理念是一种投资现代化的理念，是一种可以分担高等教育成本的理念，体现了人力资本的投资方式。除此之外，从理念角度分析分配效率，我们可以发现，这种方式在对学生的资助方面达到了最大与最高的效能，不仅兼顾了效率还兼顾了学生之间的公平。从学生的心理健康与人际关系这个方面来看，我们可以发现这种方式可以消除学生心中的阴影，从而可以让贫困学生更愿意与其他学生进行交流，从而促进学生之间的团结，进而有助于将这个方式更持久地推行下去。从资金这个角度，我们可以发现，助学贷款还可以充分地发掘民间的教育资源，对人力资源进行合理的配置。

2. "助学贷款"符合国际助学的惯用方式

纵观整个世界，我们可以发现，早在 1960 年，美国、日本、韩国等五十多个国家就已经开始实施丰富多样的助学贷款政策。对于接受助学贷款的学生来说，他们的贫困只是暂时的，当他们接受完教育之后就会在社会当中成为较为富裕的成员。正是这种理念的支持下，才让助学贷款这种方法成为一种高校对学生进行资助的首选方法，所以我国使用这种办法顺应了时代的潮流，是符合社会发展的。

3. "助学贷款"代表了助学实践的前进方向

从我国对学生进行资助的方式进行研究我们可以发现，助学贷款这种助学方式已经成为我国一个十分重要的资助方式。在长期的实践当中我们也可以发现，助学贷款是我国教育的一项有利举措，不仅可以让学生完成学业，而且还可以让那些提供资助的组织与个人不用承担过多的经济压力，也不会出现受益人为了履行义务承担责任而影响或放弃学业。所以综上考虑，很多专家认为助学贷款是目前最有优势的助学方式，既能保证机会均等，又能保证人力资本的投资平衡。但是，在助学贷款实施的过程中，我们可以发现，很多银行认为承办的风险太高，而不愿意对这个资助方式进行承办，根本原因就是国家助学贷款制度还是不健全的、法制还是不完善的，并不是"助学贷款"这一资助方式本身的缺陷。如何突破助学贷款的瓶颈之困、规避银行信贷风险是我们要研究的课题。

（三）困难补助和勤工助学相融合原则

1. 位阶鉴定

对这五种资助方式进行排列组合我们可以发现，"勤工助学"的位置只在助学贷款的后面，排在第二位。但是，困难补助这个方式就比较靠后，排在第四位。

2. 属性对比

在调查与研究后我们就能发现，"勤工助学"属于有偿资助，具备有偿资助的所有优良特性；"困难补助"属于无偿资助，具备无偿资助的一般属性。

3. 利弊分析

"勤工助学"这种有偿资助的方式，具备资助理念现代化和资助效能最优化的特点。但是，凡事都是有好的一面和不好的一面的，勤工助学的缺点就是学生很容易处理不好学习与工作之间的关系，出现为了赚钱而没有更多的精力上学的现象，从而不利于完成学业。"困难补助"这种资助方式，从本质上说就是属于无偿的、赠与性的资助方式，容易让学生产生"等、靠、要"的依赖心理，或者不用努力就有资助的侥幸心理，从而不利于学生形成正确的思想观念，不利于学生的成长，由此也就可以看出这个方式是不符合高等教育机会均等理念、人力资本投资理念和高等教育成本分担理念的，同时也不具备资助效能最优化的特点，达不到既能兼顾效率又能兼顾公平的效果，所以是不符合社会发展规律和世界发展观的。

4. 解决方案

具体来说就是将困难补助中的经费运用到勤工助学这个资助方式中去，这样就可以扩大勤工助学的规模，增加助学的岗位，从而可以缩短每位同学的工作时间，增加岗位报酬，与此同时我们还可以让同学竞争上岗，这样可以让学生自力更生，自我救助。从长远的这个角度来看，教会学生挣钱比直接给学生钱要更有意义，因为这不仅能够解决贫困学生眼前的问题与困难，而且还能提高学生赚钱的能力以及劳动的观念，让学生了解到赚钱的不容易，从而增强学生的责任感以及战胜困难的意志，进而培养学生生活的自信心与自尊心。另外，还可以让学生知道大学生活的来之不易，从而更加珍惜大学生活，努力学习。但是，如果出现学生家庭遭遇天灾人祸的问题，我们应坚持灵活处理的原则，具体问题具体分析。

　　总的来说，我们发现，高校对贫困生不能只是进行简单的物质资助，高校还应该对学生进行思想上的引导，在资助的过程中把学生培养成素质全面的人才，困难补助和勤工助学之间进行相互补充不仅可以让学生更好地完成学业，而且还可以让高校达到全方位育人的目标，从而为助学育人创造了一个良好的载体，可以有效地避免学生出现依赖的思想。那么如何才能将二者有效地结合在一起，具体来说就是，在推进国家助学贷款的基础上，我们应该减少对困难补助这一无偿补助的发放，应该扩大对勤工助学这种有偿补助的资助方式，将对贫困生的资助从无偿资助转变到有偿资助之中。这种资助方式主要有四个方面的优势与目的。首先，这种资助方式可以让学生形成自立自强的生活意识，而且高校可以将勤工助学的内容与所学的专业进行结合，这样不仅可以让学生学习到专业知识，还解决掉了当前面临的一些问题；其次，这种资助是贫困生通过自己的劳动获得的，所以心理层面不会有受到施舍的感觉，可以增强学生的自信心；再次，在劳动中学生可以体会到生活的艰辛与不易，从而更加珍惜当前的大学生活，努力学习，发奋读书；最后，这种方式可以让学生明白诚信也能够获得劳动报酬，从而促进学生养成良好的诚实守信的品德。

（四）学费减免淡出原则

1. 位阶认定

从资助方式的排序顺序中我们就可以很明显地看出，排在最后的才是学费减免，由此，我们也就可以知道这个方式在助学育人的过程中是一个正面作用少而负面作用多的方式。

2. 属性分析

对学费减免的属性进行分析，我们可以发现，这种资助方式属于无偿的资助，只能够解决学生一时的经济困难，并不能提高学生的思想意识，而且很容易让学生养成"等、靠、要"的依赖心理，催生学生心中索取的欲望。

3. "学费减免"不符合有偿资助原则

从资助原则这个角度进行分析，我们可以发现，学费减免不符合受益者付费的现代市场规则，而且也不符合高校教育理念中机会均等的理论、人力资源投资等理论的根本宗旨，同时也不具备效率与公平同时兼顾的效能最优化的特点。

4. 高校缺乏"学费减免"的积极性

学校的资金支持一直都是十分紧张的，一直面临着国家教育经费不足与社会投入少的问题，所以学校经费在短时间之内是很难有较大提升的，因此，学校无法大幅度减免学费。

5. "学费减免"不利于贫困生的健康成才

从学生健康成长的这个角度来看，我们可以发现，一般情况下对学费的减免都是学校迫于无奈进行追认的。学费拖欠之后不仅不会被罚，还可以将学费进行减免，这种现象十分不利于校园中自尊、自爱、自强等优良风气的形成，甚至还助长了一些无赖风气的形成。

6. "学费减免"淡出

在学校当中，所有的经费都应该是用来对全体学生进行服务的，不管是学生交纳的费用还是国家拨款的费用，只要是具备入学资格的学生就有平等享有经费的权利，所以不管是学校还是国家都没有权力将这个资金进行自由的分配。因此，学费减免能够作为一种紧急的措施，但是作为一种长期的资助方式是不合适的，也正是因为学费减免有很多弊端所以应淡出资助体系。

（五）助学贷款中生源地贷款为主原则

我们可以发现国家助学贷款在实施的过程中并不是十分顺利的。其根本原因是人们的信用缺失，违约的金额过高就会对资助银行造成很大的影响。所以，要想解决这个问题就需要将助学贷款这个方式进行改良，当前可以有效解决这一问题的方式就是推行"生源地贷款"。

这种信用保障的优势有以下五点。

第一，在生源地进行贷款，可以对学生的家庭状况进行详细的了解与调查，从而可以准确界定学生的贫困程度。

第二，在贫困地区，能够考上大学的学生较少，哪家考上了大学十里八乡的乡亲都是知道的，所以是可以很容易找到贷款担保人的。这些贫困的学生往往注重自己的形象，所以一般是不会对学费进行恶意拖欠的，也不会让自己一直守护的尊严付之东流。

第三，在生源地进行贷款，可以让学生的家长与学生自己一起还款，而且一般情况下，学生的家长生活在当地，对于还款问题家长比学生要更加上心，所以当银行对学生进行催款的时候，也很容易进行讨要，还款率也较高。

第四，通过上述的论述，我们可以发现，在生源地进行贷款，保障程度高，所以银行也就不会考虑多余因素，不会再去走那些没有必要的程序，因此对于学生来说是十分方便与快捷的，对于贷款进程来说，是能够做到应贷尽贷的。

第五，助学贷款的模式，可以让学生深刻地体会到自己为了上大学是多么的不容易，可以让学生提高自己的责任意识，从而激发学生的学习热情。

对当前国家助学贷款的方式进行研究我们可以发现，国家十分重视国家助学贷款政策，出台了许多法律法规，这些法律法规对国家助学贷款的发展是有明显成效的，但是，还存在一些缺点与不足，比如贷款的覆盖面太窄、手续太过复杂等问题还十分突出。

对目前实施的生源地助学贷款进行研究，我们可以发现其中主要有以下几个方面的特点：

首先，当前生源地贷款的方式可以在普通本科学校、高等职业学校以及民办的高等学校和独立院校使用，对在校生或者新录取的学生给予经济贷款帮助。

其次，目前生源地贷款的还款时间是按照全日制本科与专科的学制，再增加 10 年的期限确定的，但是最多不能超过 14 年的期限。

再次，学生在学校上学期间，贷款的利息是国家进行补助的，当学生毕业之后还款的利息则是按照借款人的借款年度进行偿还。

最后，目前生源地贷款中对学生的资格审查与对家庭情况的调查由普通高中与行政管理机构负责；资金由国家开发银行负责，其他的金融机构则是受国家开发银行的委托，对贷款的资金进行结算管理；对学生资助贷款的认定、审查与贷款的后续工作则是由县级管理机构进行。由此，我们可以看出生源地贷款有各司其职、各负其责、共同合作的特点。

总的来说，从生源地助学贷款的五种优点与四个特点我们发现，生源地助学贷款有效地解决了原先助学贷款出现的问题，所以这种方式一定会在全国范围内开展。

第四章　高校贫困生职业价值观

本章主要论述高校贫困生职业价值观，分别介绍了职业价值观概述、我国高校学生职业价值观的特点、高校学生职业价值观调查问卷的编制以及高校贫困生职业价值观的现状分析。

第一节　职业价值观概述

一、职业价值观的定义

职业价值观，又称工作价值观，是一个从英语翻译过来的词汇，英文全称为 work values/occupational values，指的是人生目标和人生选择在职业选择方面的具体表现。一个人有着怎样的职业价值观决定了他选择怎样的工作以及如何对待工作。就业问题是最基本的民生问题，后危机时代，全景经济增长速度放缓，就业形势异常严峻，如何提高就业率成为社会关注的重点课题。众多心理学与就业指导领域的专家研究发现，职业价值观对于人们的工作选择和工作的态度起着决定性作用。关于职业价值观的定义，国内学者从不同的视角提出了自己的见解。楼静波认为职业价值观是一种价值评判，主要表现在职业价值取向、职业选择原则、职业活动报酬的期望[1]。宁维卫认为职业价值观是指人们在选择工作时，会比较各种职业的优缺点，该职业对于社会有哪些意义，自己在该职业中能否发挥作用，它属于个性倾向性范畴[2]。

---

[1]　楼静波.当代青年的职业价值观 [J].青年研究，1990（11）：35-44.

[2]　宁维卫.我国两城市青年职业价值观研究 [D].成都：西南师范大学，1991.

黄希庭等强调职业价值观是人们对社会职业的需求所表现出的评价，一个人有着什么样的人生观，就有着相应的职业价值观，职业价值观是人生价值观的重要组成部分①。余华等认为职业价值观是人们在工作前衡量工作优劣的内心尺度，人们会将想要从事的职业和社会上的职业进行比较，进而决定自己是否愿意从事该职业，个体只有具备正确的职业价值观，才能坚信自己的选择，并为了自己的理想不断奋斗，可以说职业价值观是个人对待职业的一种信念②。于海波等认为职业观是人们在衡量自身的特质和社会的需要后对待职业行为和工作结果的一套信念系统，具有概括性的特征，同时对于人们职业生涯的发展有着积极的推动作用。职业价值观不仅表现在人们选择怎样的职业，而且表现在人们在具体工作上工作态度。对于大学生而言，职业价值观主要指他们的择业观③。

由上述定义不难看出，这些定义都是在马斯洛需要层次的理论上发展起来的。1943 年，美国心理学家亚伯拉罕·马斯洛在《人类激励理论》论文中提出人类需求理论。在马斯洛看来，人类的需要总共分为五种，这五种需求呈金字塔形，逐级递升。生理上的需求是最低级层次的需求，安全上的需求是更高一级的需求，这两种需求是人的最基本需求，只有这两个需求满足后，才会追求之后的情感和归属的需求、尊重的需求、自我实现的需求。而个体正是为了充分满足这五个层次的需要，形成了自己的职业价值观。因此，本书认为，职业价值观是人们为了充分满足马洛斯需要层次理论中的五个需要而在选择工作时表现出来的一种价值取向。

---

① 黄希庭，张进辅，李红.当代中国青年价值观与教育 [M].成都：四川教育出版社，1994.

② 余华，黄希庭.大学生与内地企业员工职业价值观的比较研究 [J].心理科学，2000（06）：739-740.

③ 于海波，张大均，张进辅.高师生职业价值观研究的初步构想 [M].西南师范大学学报（社会科学版），2001（02）：61-66.

二、职业价值观的结构

任何事物都是由结构组成的，职业价值观也不例外，只有清晰地辨别出职业价值观的结构，才能推动职业价值观研究进一步深入。不同的划分往往会导致不同的研究结构。因而，如何科学划分职业价值观的结构一直是研究者最为关心的问题。专家学者们大都从心理学的角度出发来研究职业价值观的结构，但是由于他们采用的心理学理论和研究方法不同，导致职业价值观结构的划分表现出较大的差异性。前人对职业价值观结构的划分可以归纳为二因素理论、三因素理论、四因素理论、五因素理论、六因素理论和多因素理论这 6 种结果。

（一）二因素理论

二因素理论的代表人物是金盛华和李雪。他们主要采用问卷调查法，通过向 813 位大学生发放开放式调查问卷来探究大学生职业价值观的结构。为了得到精确的研究结果，他们还选取了 25 位大学生进行了深度访谈。经过调查发现大学生的职业价值观维度由目的性和工具性职业价值两部分构成[1]。其中，目的性职业价值观是指大学生在就业时的个体评价和选择职业的内隐动机性标准，包括该职业是否能够维护家庭，是否满足大学生自身对于地位的追求，在未来的工作中是否能够得到成就感以及该职业是否对于社会的发展有积极的促进作用。工具性职业价值观是指大学生在就业时对自己的个体评价和职业选择的外显的条件性标准，包括以下六个方面：（1）该职业是否轻松稳定。（2）该职业是否符合自身的兴趣爱好。（3）该职业是否符合社会良俗，是否规范。（4）该职业是否能够提供较好的薪酬，是否能够为大学生带来声望。（5）该职业是否有着光明的发展前景。（6）该职业的福利待遇是否优渥。

---

[1] 金盛华，李雪.大学生职业价值观：手段与目的[J]心理学报，2005（05）：650-657.

（二）三因素理论

不同的专家学者在职业价值观的三因素理论上依然有着分歧。黄希庭等把职业价值观分为职业目标、实现职业价值的手段以及职业评价[①]。凌文辁等采用实证研究的方法，证明职业价值观由以下三个因素构成：发展因素、保健因素和声望地位因素[②]。

（三）四因素理论

赵喜顺把职业价值观划分为兴趣爱好型、社会利益型、声望舒适型、经济型[③]。

（四）五因素理论

宁维卫采用工具表法，将修订的 Super 量表作为工具，对职业价值观的结构进行了研究，结果发现职业价值观由以下五个元素构成：进取心、生活方式、工作安定性、声望和经济价值[④]。

（五）六因素理论

六因素理论的代表人物是于海波和张进辅。他们从中国的教育实际出发，编制了高校师生的职业价值观量表，该量表由六个维度构成，分别是自我发展、人际关系、贡献、物质生活、威望和家族。

（六）多因素理论

相比较前面几种职业价值观的构成理论，多因素理论更加复杂，包括的

---

① 黄希庭，张进辅，李红 . 当代中国青年价值观与教育 [M]. 成都：四川教育出版社，1994.

② 凌文辁，方俐洛，白利刚 . 我国大学生的职业价值观研究 [J]. 心理学报，1997（03）：342-348.

③ 赵喜顺 . 论青年职业观的引导 [J]. 青年研究，1984（03）：52-57.

④ 宁维卫 . 中国城市青年职业价值观研究 [J]. 成都大学学报（社会科学版），1996（10）：10-13.

因素更加多元，如智力刺激、利他主义、经济报酬、同事关系、监督关系、创造性等都属于职业价值观的构成范畴。

第二节　我国高校学生职业价值观的特点

把握高校学生职业价值观的特点，是对高校学生进行职业价值观教育的前提和基础。高校大学生作为接受高等教育的群体，承担着建设特色社会主义强国、实现民族复兴的历史重任，他们所持有的职业价值观一直是社会关注的热点问题。大学生职业价值观是指大学生这一特殊社会群体的个人追求和与工作有关的目标，包括大学生是否对于职业有着正确的认知，是否有着远大的职业理想，是否有着自主创业意识等多方面的内容。大学生职业价值观可以说是大学生进行职业选择行为的指导意识系统，大学生不管是择业、就业还是自主创业都离不开职业价值观的指导。

大学生职业价值观作为社会意识形态，随着时代的发展和社会的需求而不断改变。国内外相关学者对当代大学生的职业价值观从不同角度进行了研究，结果发现，当代大学生职业价值观与传统大学生职业价值观相比，既存在很多相同特点，同时又出现了很多新特点。概括来说，当代大学生职业价值观特点主要有以下四个方面。

一、高校学生职业价值观具有多元性

社会经济体制的新特点促使高校学生职业价值观表现出多元化的趋势。计划经济体制下，大学生在选择职业时更加注重职业的等级性，国有企业和集体企业具有工作岗位稳定、福利待遇好的优势，因此传统的高校毕业生在就业时一般优先选择国有企业和集体企业。随着社会的发展，我国的经济体制已经由计划经济转向市场经济，市场在资源配置中占据主导地位，高校生更加渴望实现自我价值，期盼发挥自身的作用，这种自主意识表现在职业价值观方面就是高校学生职业价值观的多元性。一方面，随着市场经济的不断深入，我国的企业数量逐年增加，市场上可供高校学生选择的单位日益多样化，越来越多具有挑战精神和进取心的高校学生不满足于安稳的生活，希望能够不断的挑战自己，于是将这些企业当作自己的目标单位，传统的国有企业和集体单位对高校学生的吸引力有所减弱；另一方面，在社会多元化背景下，高校学生的创新意识和自主意识不断增强，同时政府鼓励高校毕业生自主创业，因而越来越多的高校学生选择自我创业，将自己在学校中学到的知识和创新精神放到了更广阔的实践舞台。

二、高校学生职业价值观具有社会性

高校学生职业价值观的社会性主要表现为社会历史性和相对稳定性。一方面，价值观是一种社会意识形态，职业价值观作为价值观的重要组成部分同样属于意识形态领域。高校学生职业价值观作为时代和社会发展的产物，反映了一定时期内高校学生在职业选择上的目标和态度，是一定时期内社会经济发展情况在职业领域的具体表现。随着经济全球化的加快，世界各国间的文化在交流、碰撞中势必对我国高校学生的职业观产生冲击。另一方面，高校学生职业价值观具有相对稳定性。大学生职业价值观作为社会意识形态的一部分，虽然会随着社会经济的发展而变化，但是它仍有相对稳定性[1]。这是因为大学生职业价值观是一种"建立在本事知识体系之上的观念体系"[2]，虽然受外界多种环境因素的制约，但是它总是受到一定社会主流核心价值观的影响。社会主流核心价值观是国家向全社会倡导的价值取向，凝结着全体人民的共同价值追求，具有长期性、稳定性的特点。在继承部分传统职业价值观基础上，接受社会核心价值观指导的大学生职业价值观自然具有了相对稳定性。

---

① 郑金香. 青年价值观的发展 [M]. 郑州：黄河水利出版社，2010.

② 黄希庭、张进辅. 当代中国青年价值观与教育 [M]. 成都：四川教育出版社，1994.

三、高校学生职业价值观具有可塑性

高校学生职业价值观的可塑性由高校学生本身的可塑性和职业价值观的可塑性这两部分构成。一方面，高校学生处在一个成长和发展的阶段，他们的价值观还不成熟，有着强烈的好奇心，愿意接受新鲜事物，适应能力比较强，尚处于职业价值观形成的初期，如果在这个时期对他们进行系统的教育，引导他们树立正确的职业价值观，必然会取得较好的效果。另一方面，职业价值观本身并不是一个封闭的系统，随着时间的推移和环境的改变，职业价值观的内容也会进行相应的调整。高校学生职业价值观的可塑性是对高校学生开展教育的基础和前提。

四、高校学生职业价值观具有差异性

高校学生职业价值观是高校学生的人生价值观在职业领域中的体现，拥有着不同人生价值观的学生自然有着不同的职业价值观。高校学生职业价值观的差异主要表现在两个方面：一方面，不同大学生个体具有不同的职业价值观，这是因为大学生的生活环境、成长经历、自身认知等各方面是大不相同的，受这些因素的影响，在实践基础上形成的大学生职业价值观具有不同的特点；另一方面，职业价值观不是一成不变的，大学生在不同的发展阶段具有不同的职业价值观，随着年龄和社会阅历的增长，他们的职业价值观呈现出不同的特点。

第三节　高校学生职业价值观调查问卷的编制

一、高校学生职业价值观架构

在认真研究前人成果的基础上，加强与相关领域专家的沟通交流，本书

从价值观对象的角度出发构建了高校学生职业价值观维度框架构想（图 4-3-1）。该构想包括对单位期望的职业价值观、对同事期望的价值观、对自身期望的职业价值观、对家庭期望的职业价值观四个主维度，具体每个主维度又包含若干个子维度。

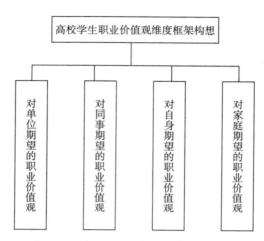

图 4-3-1　高校学生职业价值观维度框架构想

二、网络问卷的编制和说明

根据上述高校学生职业价值观维度的架构，编制高校学生职业价值观网络调查问卷应分为两部分，所有问题均为单选题。只有所有问题都回答完毕，才能提交问卷。

（一）第一部分：基本情况作答题

该部分在问卷的前半部分设置相应的问题。主要有两个目的：（1）旨在了解被试的性别、专业、学历、年级、家庭所在地理位置、家庭所在城乡位置、家庭人均月收入、学费主要来源、生活费主要来源等情况。（2）判断被试是否为贫困大学生。具体步骤和方法是：先根据被试家庭月收入初步判断被试是不是贫困大学生。然后再根据被试其他基本情况的填写情况来最终判断是不是真正的贫困大学生。假如，某被试填写的家庭人均月收入低于 1000 元，而学费和生活费的主要来源又填写靠父母收入，将认为该被试可能为非贫困生，或者是没有认真完成问卷。对于这一类型的问卷，将认定是无效问卷。

（二）第二部分：职业价值观测试题

该部分的每个问题都用于测试大学生职业价值观中的一个子维度。

第四节　高校贫困生职业价值观的现状分析

高校贫困生职业价值观由内在职业价值和外在职业价值两部分构成，分别包括以下主要类别：高校毕业生是否能在工作岗位上实现自我价值，是否能够通过努力工作实现个人的成长，自己的工作是否能为社会作贡献，用人单位提供的经济报酬是否符合学生的心理预期，高校毕业生是否对工作环境满意，同事间是否有着良好的人际关系，该职位是否能够为高校毕业生带来声望和地位。本书围绕以上类别分析高校贫困生的职业价值观现状。

一、职业观念自主化，注重自我价值实现

高校贫困生进入高校的时大多已经成年，随着年龄的增长，他们的生理和心理日趋成熟，自我意识逐渐增强。对于高校贫困生来说，如何在未来的工作岗位中实现自我成长和长远发展是他们最为关心的问题，他们在就业的过程中希望能够发挥自身的潜能，特别是体现个人奋斗的过程，在社会发展过程中，希望不断超越自我，强调个人价值的实现。

二、对职业评价标准务实化，职业选择多元化

贫困大学生大多来自农村地区和城市下层，家庭条件一般甚至比较贫

寒，这就导致他们在择业的过程中强调经济利益回报，希望获得优厚的经济报酬，通过自己的努力能够改变家庭贫寒的现状，使父母能够过上比较富足的生活。因此他们的职业选择呈现多元化、多层次，职业评价标准也比较务实，工资待遇是他们择业时首要的判断标准。

三、理想和现实存在差距，择业更加困难

贫困大学生经济拮据，普通学生可以从父母手中轻松地拿到学费和生活费，贫困大学生可能需要假期打工才能赚来学费生活费。对于即将毕业的贫困大学生来说，找到一份维持基本生活需要的工作是当务之急。生活的压力使得他们比一般大学生有着更加紧迫的就业需求。但贫困大学生在择业的过程中往往出现择业理想和社会现实差距过大的问题，这是因为高校和社会是完全不同的，在学校中，他们只需要努力学习，获得优异的成绩就可以了；而社会需要知识和能力都具备的复合型人才，很多贫困大学生对自己的认知不够全面，缺乏职业目标规划，对理想和现实间的矛盾没有理性认识，造成择业更加困难的局面。

四、职业规划缺乏系统性，注重眼前利益

受经济因素的制约，贫困学生面临的问题要比非贫困生更多。如何让自己生存下去是贫困生需要考虑的首要问题，如果连眼前的生存问题都解决不了，更不用说长期的职业规划了。很多高校贫困生过于注重眼前利益，为了短期的经济报酬而放弃大好机会，这种短期化、务实化的职业价值观对他们未来的发展造成了严重的影响，出现了一步错步步落后的惨痛后果。

五、高校贫困生在就业方面的优势

长期的贫困生活造就了高校贫困生坚韧的品质和坚强不屈的个性。相比于非贫困生，贫困生的进取心更强，他们不仅背负着改变自己命运的重任，

同时希望通过自身的不懈努力来改变家族的命运，希望为社会作出更多的贡献，因此他们具有较强的抗压精神和强烈的责任心，无论工作中遇到怎样的困难都能以积极的心态来面对。

六、高校在贫困生职业价值观教育方面的空缺

高校职业价值观教育的不足是导致高校贫困生出现职业困境的重要原因。虽然各高校为了帮助大学生就业，纷纷开设了就业指导课，但是就业指导课的课程安排以及教学方式不够合理。大部分高校的就业指导课程一般设置在高年级，或者是最后一个学期，将准备毕业的学生集合在一起，以课堂教学的方式进行指导。这时期的学生面临着实习、毕业论文、找工作等多种问题，对于就业课程指导根本没有兴趣。同时，高校安排的就业指导老师缺乏职业指导规划相关资质，只能向学生传授之前就业的经验，与现实世界的就业需求脱节。

第五章　高校贫困生就业基础理论

本章主要内容为高校贫困生就业基础理论，论述了四方面内容，分别为高校学生就业政策的变迁与巩固、高校贫困生就业竞争力的 SWOT 分析、高校贫困生就业现状及影响因素分析和高校贫困生就业准备评估方案。

第一节　高校学生就业政策的变迁与巩固

大学生就业政策是国家就业政策的重要组成部分，是为了促进经济社会发展，维护大学生和用人单位合法权益所制定的指导方针和行为准则，体现了国家行为和公共权力的导向。

一、大学生就业政策变迁

大学生就业政策的本质是对社会人力资源和社会利益的合理分配，受国家政治、经济、人事制度等因素的制约，我国高等院校毕业生的就业政策经历了"计划分配""双向选择""自主择业"三个阶段。探究中国大学生就业政策的历史演变，掌握转型期大学生就业政策变迁和发展的脉搏，可以使我们准确把握当前大学生就业政策的历史方位及未来走向，对于促进大学生就业大有裨益。

（一）计划时期"计划分配"的就业政策

从中华人民共和国成立初期到 20 世纪 80 年代，我国实行的是以"计划配置、统包就业、行政调配"为主要特征的就业政策。学生毕业后，全部由国家按指令性计划分配到用人单位，这种毕业生就业政策一般被称为"统包统分"模式。

"计划分配"就业政策是我国长期实行计划经济体制的产物，在特定的历史条件下，在较长一段历史时期内，为国家建设提供了人才保证，对发展我国经济和保持社会稳定发挥了积极作用。随着我国经济社会的发展，"计划分配"就业政策的缺陷逐步暴露。一方面，用人单位没有用工自主权，所需要的人才由国家统一安排，导致企业无法根据自身的实际需要调配需要的劳动力资源，不利于激发企业的积极性，为了安排国家分配下来的人才，用人单位不得不设置新的部门，从而导致机构臃肿、冗员增加。另一方面，劳动力资源浪费严重，人才无法自主选择职业，导致他们缺乏工作热情，人浮于事。这些体制弊病的存在，不仅严重束缚着人们劳动的自主性，影响着大学生就业工作的顺利开展，还逐渐成为深化经济体制改革的阻碍。

（二）过渡时期"双向选择"的就业政策

十三届三中全会以后，经济发展成为社会的主旋律，计划经济逐渐向市场经济转型，就业政策也步入转型探索阶段。1989年3月，国务院转批了教育部提出的《高等学校毕业生分配制度改革方案》，方案中提出我国正处于计划经济向市场经济转型的过渡阶段，在这一阶段内实施以学校为主导，向社会推荐就业，毕业生和用人单位在一定范围内双向选择的办法。"双向选择"的毕业生就业政策，对于用人单位和高校毕业生而言，达到了双赢的效果，用人单位能够根据单位用人需求，合理确定所需人才，扩大了选才自主权；高校毕业生能够根据自身实际和所学专长，合理选择工作单位，促进个人的终身发展。

同"计划分配"的就业政策相比，"双向选择"虽然在一定程度上优化了用人机制，实现了人才的合理配置，有助于发挥人才的积极性和责任感，但是"双向选择"仍保留了原分配制度的不少规定，未能实现全方位、彻底化的改革。例如，毕业生就业时仍受人员编制和劳动指标等计划体制的限制，那些未能实现"双向选择"就业的毕业生依然由国家以"计划分配"的方式来安排就业。可以这样说，"双向选择"政策仍处于国家分配和双向选择相结合的过渡时期。

（三）市场时期"自主择业"的就业政策

20世纪90年代以来，我国的改革开放的程度进一步加深，社会主义市场经济体制逐步完善，建立起了以市场为导向的积极就业政策体系。就业政策体系的中心任务是促进就业，包括将保障就业放在宏观政策首位，缓解结构性就业矛盾，优化就业环境；提高经济发展水平，扩大就业，做好下岗职工的再就业工作，改善就业服务，强化人才培养，着力提升劳动力的综合素质，提高劳动报酬，完善市场就业机制，加大对就业政策扶持，健全就业公共服务体系，实现劳动力与就业需求合理匹配。

需要指出的是，当前我国高校毕业生就业市场机制尚不健全，劳动人事制度、户籍制度还有待进一步深化改革，高校毕业生自主择业仍需要一个长期实践并不断完善的过程。

二、大学生就业政策巩固

（一）进一步拓宽高校毕业生就业渠道

1. 积极开辟毕业生就业新渠道

各地教育部门要会通有关部门大力开拓市场化社会化就业渠道，充分发挥政策性岗位吸纳作用，积极拓宽基层就业空间，深入挖掘基层就业机会，帮助学生排解就业困惑。给予相关政策补贴，支持高校毕业生支持自主创业和灵活就业，鼓励和引导高校毕业生到基层和艰苦边远地区就业。各高校要主动加强与当地著名企业的沟通交流，邀请用人单位进校招聘，依托政府平台建立常态化交流合作机制。高校要努力优化就业服务，充分利用各方资源，结合企业用工需求，向有就业意愿的毕业生提供适合的需求信息，提升就业的质量和效率。

2. 鼓励毕业生到各类企业就业

受传统观念的影响，很多高校毕业生都以进入行政机关和国有企业为荣，不愿意进入中小企业，为此各地教育部门要积极协调有关部门，加强宣传力度，引导学生树立正确的就业意识，调整就业心态，鼓励毕业生到中小企业就业。政策部门要在宏观政策的指导下，调整产业结构，增强市场活力，实现经济高质量增长，打造创新创业服务平台，落实创业优惠政策，稳定和扩大就业岗位。落实公开招聘政策，鼓励国有企业吸纳更多毕业生就业。

（二）鼓励引导高校毕业生到基层就业

1. 完善毕业生到基层特别是西部地区就业激励措施

当前，我国尚处于社会主义初级阶段，存在着经济发展不平衡、贫富差距较大等问题。受地理环境、历史遗留等多种因素的制约，我国中西部地区的发展相对滞后。大学生是未来社会的建设者和接班人，承载着实现中国经济持续均衡发展的重任。因此政府要鼓励和引导毕业生到城乡基层、中西部地区和艰苦边远地区就业，协同有关部门做好政策性岗位的招录工作，落实好学费补偿和助学贷款代偿等政策。各地各高校要做好宣传引导工作，通过校园广播站、宣传栏等形式向学生宣传钱学森、邓稼先等老一辈科学家爱岗敬业的光荣事迹，鼓励毕业生到西部基层建功立业。

2. 加大力度实施好各类基层就业项目

各地教育部门要协同有关部门，大力开发社会管理和公共教育等领域的服务岗位，尽早安排"农村特岗教师""西部计划"等政策性岗位招考及各类职业资格考试，鼓励扩大地方基层项目规模，积极开发新的基层项目，解决好从业人员在工资待遇、社会保障等方面面临的实际问题，并为服务期满的毕业生提供就业指导服务。

3. 征集更多高校毕业生入伍服义务兵役

各地教育部门要加强同兵役部门的联系，积极配合做好大学生征兵工作。各地各高校要增强大局意识，强化责任担当，深入宣传动员，激发学生参军报国热情，进一步完善征兵工作，优化大学生征兵入伍服务保障，切实做好大学生参军入伍服兵役的各项优惠政策，鼓励更多大学生应征入伍。

（三）激励高校毕业生自主创业

1. 推动完善落实扶持创业的优惠政策

各地政府要积极协调有关部门加强就业指导，为学生提供个性化就业指导和服务，加快构建"一站式"服务平台，进一步落实好自主创业税费减免等优惠政策。推进小额担保贷款，落实灵活就业社会保障政策，为高校毕业生提供创业指导等政策咨询服务。健全创业服务机构，降低创业门槛，简化创业手续，通过政策补贴等形式，鼓励高校毕业生实现自主创业和灵活就业。

2. 加大创业基地建设和创业资金扶持力度

各地要加强创业基地孵化建设，为创业大学生提供低成本的生产经营场所和企业孵化服务，建立创业人员扶助项目库，加大创业政策的宣传力度，开展创业培训，组织高校毕业生去优秀企业中参观学习，吸取优秀企业先进的管理经验，搭建创业交流平台。积极推动设立高校毕业生就业创业基金，简化申领程序，扩展资金受益面。

3. 加强创业教育和创业服务

各地各高校要加大对高校毕业生的创业宣传力度，营造尊重创业、支持创业的良好范围，进一步拓展创业载体，持续强化创业服务工作，建立和完善创新创业教育课程体系，积极开展创新创业竞赛，培养学生创新意识和创业能力。邀请成功创业人士担任创业导师，坚持理论与实践相结合，创新培训模式，提高创业成功率。

（四）加强困难毕业生就业帮扶

1. 完善"一对一"帮扶机制

各地各高校要建立就业困难群体毕业生数据库，详细了解制约学生就业的各种因素，有针对性地开展就业帮扶计划，力争帮助他们在离校前落实就业岗位。针对低保家庭的毕业生，高校要设立专项帮扶基金，尽早将求职补贴发送到业生手中，有条件的地方要提高补贴标准。

2. 做好少数民族毕业生就业工作

各地特别是民族地区就业部门和各高校要从少数民族的特点出发，根据民族地区经济发展的需要，适时调整专业学科结构，加大对民族教育的扶持力度，组织少数民族毕业生专场招聘活动，拓宽少数民族高校毕业生的就业渠道，鼓励他们回乡就业创业。制定特殊就业扶持政策，加强少数民族毕业生就业指导服务，加强国家通用语言培训，完善人才服务信息化建设，强化少数民族毕业生职业技能培训。

3. 持续为离校未就业毕业生提供全程就业服务

各省级教育部门要配合人力资源社会保障部门，做好未就业毕业生信息衔接和服务接续工作，加强对未就业毕业生的职业技能培训，争取使每一位有就业意愿的毕业生在年度内实现就业。各高校要做好离校未就业的跟踪指导工作，对于有就业意愿但暂时未找到合适工作的毕业生持续提供岗位信息和求职指导，引导他们找准职业定位，如果有校园招聘或其他类招聘活动时，要及时通知参加。

（五）大力提升就业指导服务水平

1. 加强政策宣传和解读

各地各高校要加大就业政策宣传力度，创新宣传方式，通过宣传栏、微信公众号、贴吧、校园网站等形式，重点宣传自主创业、基层就业、参军入伍、困难帮扶等政策。建立教育行政部门、高校、院系、班级的四级联动网络，充分发挥辅导员、学生干部和党员的作用，将政策宣传和解读工作纳入规范化轨道，努力扩大宣传覆盖面，通过点对点短信群发，确保政策信息能及时送达每一位毕业生，确保每一位毕业生理解、用好政策。

2.开展有针对性的就业指导

各地高校要加快建设示范性高校毕业生就业指导机构，将就业指导工作纳入学校发展战略。针对当前毕业生的特点和就业新形势，选拔专业化程度高、就业知识丰富的教师担任就业指导教师，组建富有活力的就业指导教师队伍，邀请行业内的专家开展有关就业指导方面的专题讲座，建立完善的培训制度，定期组织就业指导教师培训学习，积极开展就业研讨会，提升个体的就业指导能力。

3.提升就业信息服务质量

各地各高校要充分发挥校园就业市场的主渠道作用，增强服务意识，进一步加大投入，推进就业信息网建设，加强与社会的招聘服务机构以及各地各高校就业平台的交流合作，实现互联互通、资源共享。积极推进网上签约，简化就业手续办理流程，方便学生就业。

4.切实维护毕业生就业权益

各地教育部门要会同有关部门努力消除一切影响平等就业的制度障碍和就业歧视，营造平等就业环境，畅通投诉举报渠道，将存在就业歧视的用人单位纳入招聘"黑名单"并及时向高校毕业生警示提醒。各高校要高度重视高校毕业生的就业工作，加强就业安全教育，提醒学生通过正规渠道参与招聘，做好就业总结宣传工作，严禁任何形式的就业造假。积极协调劳动监察部门加大监管力度，严厉打击非法向毕业生收取财物，扣押大学生身份证、学生证，以及招聘过程中各类欺诈行为，切实维护毕业生的合法权益，规范人力资源市场运营秩序。

（六）推动高等教育更好适应经济社会发展需要

1.建立高校毕业生就业质量年度报告制度

自从启动高校扩招计划后，我国大学生的数量逐年递增。近年来全球经济发展前景不甚乐观，就业市场形势越发严峻，为了缓解大学生就业压力，我国政府要求各高校自 2014 年起要在校园网、就业网或其他媒体上发布本校的毕业生就业质量年度报告。当地教育部门要协同人社部门建立信息共享机制，加强就业状况反馈和引导，完善校、院两级就业工作体系，健全专业预警、退出和动态调整机制，保障高校毕业生顺利就业。

2. 积极调整高等教育结构和人才培养模式

当地教育部门要加快发展现代职业教育，大力弘扬"劳动光荣、技能宝贵"的时代新风尚，加大人力、物力、财力投入，强化职业教育的制度保障，搭建职业院校创新创业平台，加快培养创新型高素质技术技能人才，营造万众创新的浓厚氛围。推动行业特色本科高校转型发展，加大应用型、复合型人才培养力度。各地高校要加强同企业的合作，构建资源共享、信息沟通顺畅的交流平台，建设实习实训基地，注重优化师资结构布局，加强双师型师资队伍建设，推动大学生参与形式多样的社会实践和志愿服务活动，完善人才培养方案，增强就业创业能力。

3. 开展生动有效的思想教育和就业教育

各地各高校要根据社会和用人单位的需求不断优化专业设置，深度开发校企共同课程，不断扩展校企合作的内容，建设产教融合协同育人基地，为学生提供实习机会，培养学生的实践能力。加强就业形势教育，在大学生刚入学时就对学生进行就业方面的指导，并分阶段开展行业前景、求职技能等指导活动，帮助大学生做好职业生涯规划，引导毕业生树立正确就业观、成才观，实现积极就业。

第二节　高校贫困生就业竞争力的 SWOT 分析

SWOT 分析法有不同的名称，如态势分析法、道斯矩阵等。20 世纪 80 年代美国旧金山大学的韦里克教授率先提出了该方法，之后迅速风靡全球，在企业战略制订、竞争对手分析等领域得到了广泛的应用。SWOT 分析法中的字母是英文单词的首字母缩写，其中 S 代表 strength（优势），W 代表

weakness（弱势），O 代表 opportunity（机会），T 代表 threat，（威胁），S 和 W 是内部因素，O 和 T 是外部因素。管理学家对于 SWOT 分析法在企业竞争战略中的使用有着如下解释：战略应该是一个组织"能够做的"（即组织的强项和弱项）和"可能做的"（环境的机会和威胁）之间的有机组合。

在进行 SWOT 分析时，主要有以下几个方面的内容。

（1）分析环境因素

运用各种调查研究方法，分析出组织所处的各种环境因素，不仅包括外部环境因素，还包括内部能力因素。外部环境因素由机会因素和威胁因素两部分构成：机会因素指的是能够推动组织发展的外部环境中有利因素，威胁因素是指外部环境对组织的发展有阻碍作用的不利因素。机会因素和威胁因素都是外部环境中所存在的客观因素，不因人的意志发生改变，政治制度、经济发展水平、人口数量、市场竞争、科学技术水平等都属于外部环境因素。内部环境因素由优势因素和弱点因素两部分构成。优势因素是指组织发展过程中自身的积极因素，弱点因素是指组织在其发展过程中所固有的消极因素，属于主动因素。企业的管理水平、组织结构、部门设置、人力资源等都属于内部环境因素。在分析这些因素时，不仅要考虑到组织的历史和现状，更要考虑组织的未来发展。

（2）构造 SWOT 矩阵

将调查得出的各项因素根据影响程度的不同，进行排序，构造 SWOT 矩阵。各种因素的排序要遵循先重要紧急后次要不急的原则。首先将那些对于组织的发展有着直接深远影响且重要、大量的因素优先排列出来，然后将那些对于组织的发展起到间接影响作用且次要、少许的因素排列在后面。

（3）制订行动计划

在完成环境因素分析和 SWOT 矩阵的构造后，便可以制订出相应的行动计划。制订行动计划的基本思路是组织要明确其自身所有的优势因素，并从自身优势因素出发，争取尽可能的发挥优势因素的作用，克服弱点因素对组织健康发展的不利影响；充分利用机会因素，化解威胁因素；综合考虑组织的历史沿革，立足于当前的现实情况，以实现组织未来的良好发展为目标，得出一系列组织未来发展的可选择对策。

贫困大学生就业是一项系统性的工程，既受外部环境因素的影响，又受到大学生自身素质的制约。应用 SWOT 分析法来评价贫困大学生就业竞争力，一方面可以帮助大学生建立清醒的自我认知，明确认识到自己的优势与劣势；另一方面有助于他们明确当今的就业形势，把握就业环境中的机会，及时规避就业环境中的威胁，促进贫困大学生高质量就业。

一、高校贫困生就业的优势

高校贫困生多来自边远地区和城镇下岗、低保家庭，从小经受生活的磨炼，身上拥有一些难能可贵的优秀品质，如思想上比较单纯，积极上进；性格上坚韧，善良正直；工作上服从安排，具有强烈的责任心，吃苦耐劳。这些优秀的品质深受用人单位的喜爱。

二、当前高校贫困生就业的弱势

（一）就业成本的弱势

与其他高校学生相比，高校贫困生在就业成本的付出中处于劣势。贫困毕业生就业成本的弱势将导致如下问题：（1）基于差旅费等成本的考虑，很少人愿意赴外地求职和参加面试；（2）大部分高校贫困生因购置不起一套求职面试的正装，在面试中处于相对弱势的地位。

（二）知识上的弱势

知识是一切人才应具备的基本素质之一。当今世界正处于一个知识爆炸的时代，海量的信息充斥在人们周围。人们只有不断获取新知识，才能跟得上时代前进的步伐。高校贫困生受经济压力所迫，为了能够筹集到学费和生活费，不得不花费大量的时间和精力参加各种勤工助学，导致课外学习时间受到挤压，新知识更新速度受到影响，进而在专业知识、就业政策和就业形势知识等方面均处于弱势。

（三）能力上的弱势

大多数高校贫困生自幼缺乏家庭教育引导，导致他们特长不突出，个性不鲜明。在面对用人单位的考察时，他们变通能力较差，举手投足也较为拘谨，显得不自如、不大方，难以满足用人单位的素质要求，也就失去了很多就业的机会。

（四）心理上的弱势

受学业压力、就业压力等因素的影响，很多高校贫困生在求职择业的过程中经常表现出严重的就业心理问题。在求职择业前，部分高校贫困生对自身没有清晰的认知，想摆脱当前的贫困生活，对于工资不高、福利待遇不太好的边远地区和低收入单位漠不关心，更加倾向于去收入高、福利待遇好的大中城市中的国有企业、行政机关。受成长环境的影响，他们又缺乏自信心，不敢参与竞争。在求职择业中，他们将自己放在了弱势地位，面对用人单位的提问，表现出胆小、畏缩等，出现语无伦次、答非所问的情况，从而给用人单位留下不好的印象。面对求职过程中的挫折，他们又容易产生自怨自艾、沮丧失落等不良心理，有时甚至会出现丧失求职信心、随意就业等问题。

（五）家庭资源上的弱势

家庭资源由经济资源、文化资源、组织资源和社会资源四部分组成。当前，很多大学毕业生就业是通过家庭背景的强大关系来完成的，家庭资源越丰富的学生，就业过程越顺利，初次就业收入也越高。同时，高收入家庭的学生由于家庭条件较好，比低收入家庭的学生有着更强经济承受能力。依靠父母、家庭、亲属等社会关系获得的就业市场中的优势地位，对于高校贫困生而言，本身就是非常不公平的。

三、高校贫困生就业的机遇

高校贫困生就业已经得到了人们的初步重视，有关各方正在制定政策并不断拓展就业帮扶途径。这些就业帮扶途径包括职业测评、生涯规划、创业扶持（创业指导、创业培训、创业补贴、小额无息贷款、税费减免）在内的多个方面。可以预见的是，在社会各界的高度重视下，今后高校贫困生就业帮扶的途径将更加广泛，高校贫困生在就业方面的受益将更多。

四、高校贫困生就业的挑战

首先，国家整体就业形势不容客观。我国当前处于由追求经济增长速度到追求经济增长质量的转型期，受多重因素的影响，产业结构调整，劳动力供过于求，就业形势严峻，接受毕业生的数量十分有限。其次，我国的用人机制不够健全。部分用人单位优先招录单位内部工作人员的子女，导致经济困难的大学生很难找到合适的工作，面对成绩不如自己的同学却能找到更好的工作，容易使涉世未深的学生受到心灵冲击，进而产生悲观消极的情绪与心理。最后，学校就业支持体系不到位。目前，我国高校的职业生涯教育尚处于起步阶段，就业指导的重点依旧是解答学生关于就业政策中的疑问，指导学生如何签署就业协议等，职业生涯教育缺乏系统化、规范化，指导就业教师专业化程度不足，就业指导服务体系不健全等问题比较突出，势必对高校贫困毕业生的就业产生严重的影响[①]。

---

① 王俊岭，秦伟，李德海. 用关爱化解心结：西部高校贫困生就业困局与对策 [J]. 中国就业，2010（01）：22-24.

第三节　高校贫困生就业现状及影响因素分析

一、高校贫困生就业现状透析

（一）就业压力大

这里分析的贫困生就业压力，不是指整个社会大环境下高校毕业生整体面临的就业压力，而是相对于非贫困生，贫困生所面临的就业压力。这里主要以经济因素——就业成本来分析。大学生就业成本是指大学毕业生从开始找工作到工作找寻过程基本结束这段特定时间内，为求职发生的所有费用之和，主要包括资料费、考证培训费、考试费、面试费、形象包装费、交通费、通信费、食宿费等费用。现在大学生找工作花费高，动辄几百元，多则几千元甚至上万元。高昂的求职花费让部分学生特别是贫困生不堪重负。

（二）就业竞争力弱

高校贫困生就业竞争力是指贫困生在就业市场上让用人单位单位快速的接受自己的特点和优势，从而取得工作机会的就业能力。高校贫困生的就业竞争力由外在就业竞争力和内在就业竞争力两部分构成。内在就业竞争力指的是贫困生自身所具有的综合素质，包括科学文化素质、思想道德素质等，这些都是个人事业发展的潜在素质；外在就业竞争力指的是贫困生所具有的各项能力，包括人际沟通能力、语言及文字表达能力等。

贫困生无论在内在竞争力还是外在竞争力上，在家庭条件、教育基础、实践动手能力、组织协调能力方面与非贫困生相比都有所欠缺。许多贫困生由于经济条件的限制，参加各种集体活动较少，把全部时间和精力基本都用在了学习上，从而忽略了实际应用和社会实践等能力的培养。另外，贫困生很少担任学生干部，失去了很多展示自我、锻炼自我、获得别人肯定的机会，进一步阻碍了个性的发展，导致应聘时由于不善于表现难以受到用人单位的青睐。

（三）就业两极分化

贫困生家庭经济条件一般较差，在平时的生活、学习等方面都面临比其他同学更大的压力，他们比其他学生更渴望找到好工作，压力容易导致贫困生在就业上产生两极分化现象。一部分贫困生经历了贫困的磨炼，意志更加坚定，面对困难时能乐观向上、积极进取，对前途也充满信心，就业目标定位明确，能积极主动地找到适合自身发展的工作。另一部分贫困生被生活的压力所压倒，产生消极、自卑的心理，怨天尤人，不积极进取、努力改变现状，导致在求职就业中，缺乏自信，长时间找不到工作。

（四）自主创业困难

为扩大就业面，国家大力倡导高校毕业生自主创业。自主创业，对于贫困生来说困难重重。究其原因主要有以下三点。首先，资金短缺，贫困生本身来自经济贫困的家庭，在经济方面处于劣势，基本上也没有宽广的人脉，难以获得必需的资金支持。其次，知识面不宽、实践经验较少，这也是贫困毕业生自主创业的瓶颈。要想成功创业，需要具备企业注册、管理、市场营销与资金融通等多方面的丰富知识，在缺乏相应知识储备又没有专业人士指导的情况下，如果仓促创业，在残酷的市场竞争中也将处于劣势。最后，政府出台的创业培训、创业扶持、政策支持与优惠措施等现有政策力度不够，有的政策还有待落实。因此，社会上还没形成浓厚的贫困生创业的气氛，再加上高校的重视力度不够，这些都影响着贫困生的创业积极性。

二、高校贫困生就业影响因素分析

在激烈的就业竞争中，高校贫困生希望通过就业来改变自己在社会中的弱势地位。高校贫困生就业是由一系列作用于贫困生的客观因素和主观因素造成的，这些影响因素既有积极方面，也有消极方面。

（一）客观因素

从客观角度分析，影响高校贫苦生就业的因素是多方面的，不能简单归结于某种单一因素，社会、家庭和学校等多重因素交织在一起，相互影响。

1. 社会整体就业形势的压力

我国人口众多，虽然近年来我国人口增长速度放缓，但是人口基数大是一个不争的事实。尽管我国经济发展迅速，但经济基础薄弱，生产力水平偏低，再加上市场经济体制的不断深化，城镇化进程的加快，使得农村大量的剩余劳动力向城市转移。受经济危机的影响，一些主要经济体面临着滑入衰退的风险，导致整体就业形势不容乐观，很多国有企业为了适应市场竞争，下岗分流，减员增效。行政机关和事业单位也面临着精简机构、人员裁汰的压力，凡此种种都影响着大学生的顺利就业。

2. 用人机制的不健全

市场经济条件下，我国的用人机制也进行了重大的调整，"供需见面、双向选择"是毕业生就业制度改革的重要成果，它强调的是公平、公正与公开。实际上，现阶段我国的用人机制尚不健全，用人单位在选拔人才方面尚存在着不够公开透明的缺陷，如有的国有企业、行政机关不同程度地存在"近亲繁殖"现象。一些自然垄断或政府垄断的优势行业，在招用大学生时经常是对内多、对外少，有时甚至不面向社会，只招收内部子弟大学生，严重损害选人用人制度公平性。

3. 社会资源的匮乏

社会资源对学生就业的影响是显而易见的。毕业生的就业不仅是学生本人综合素质的竞争，也是学生家庭和社会关系的较量。出生于城市富有家庭的学生，父母长辈有着较高的社会经济地位，在社会关系网中有着较多的社会资源，家长不仅能够及时获得就业信息，还可以通过亲朋好友为子女就业提供有效帮助。贫困生大多来自农村地区和城市下层家庭，这两个阶层的社会经济地位相对较低，父母长辈的文化水平有限，社会资源占有量明显处于劣势，无法及时有效的获取就业消息，进而造成他们子女在就业机会的不平等。大学生就业过程中有时会出现以下的现象：平时学习成绩优秀、表现好的贫困生很难找到工作，即使找到了也是工资待遇偏低的工作；有的学习差、表现不好的学生，甚至在还没有毕业时，家中的父母长辈已经帮他们安排了令人羡慕的工作。就业市场的不健全和社会上的不正之风，使得那些既无关系又无背景的贫困生输在了就业的起跑线上，他们连展示自己才华的机会都没有，这有违择业的公平性。

4. 就业帮扶的欠缺

高校虽然出台了一系列帮扶政策用以解决贫困生在学习和生活中遇到的难题，但是这些政策更多地停留在经济帮扶层面，如通过减免贫困学生的学杂费，为贫困学生提供勤工俭学的职位等，这些措施在一定程度上解决了贫苦生的经济困难问题。对于贫困生的就业，目前高校尚未探索出针对性的对策。国家虽规定了针对困难毕业生的就业帮扶机制，如建立就业困难群体毕业生数据库，发放求职补贴等，但对贫困生的技能培训、岗位推荐等相对欠缺。

（二）主观因素

贫困生是就业的主体，外部环境仅是就业的客观影响因素。历史唯物主义告诉我们，内因才是决定事物发展的决定性因素，因此影响贫困生就业最重要还在于内部因素，即贫困生的主观因素。

1. 就业心理压力大

就业心理对就业行为有能动的影响作用。在就业过程中，如果一个人有着清晰的自我认知，知道自己有哪些优点，有哪些不足，知道自己擅长什么，有着明确的就业目标，即使就业过程中遇到的挫折，依然有着良好的心态，积极进取。相反一个人对就业迷茫，不知道未来想要做什么，遇到挫折就灰心失望，觉得自己的人生没有希望，消沉放弃，那得到理想工作的机会肯定要小于积极进取的人。正确的就业心理可以帮助贫困生提高就业能力，还可以减少由于盲目择业带来的消极影响。当面对就业困境时，贫困生通常面临较多的心理压力。邵国平、王永珍指出，择业初期，贫困生焦虑水平显著高于非贫困生；择业后期，未找到工作的贫困生总体效能感明显低于找到工作的贫困生，焦虑水平最高；择业期间，未找到工作的贫困生生涯自我效能显著下降，焦虑水平显著上升；生涯自我效能和焦虑之间存在显著的负相关[①]。

2. 就业期望值高

贫困生大多来自边远的农村及城市中的弱势群体家庭，他们背负着改变家庭贫困境况、改变个人命运的思想负担和压力，就业期望值较高。大部分贫困生更倾向于去北京、上海等经济较发达的城市，或者去福利较好的国家机关及事业单位等，不愿意下基层、到边远地区，不想再回到曾经"噩梦"般的生活，害怕被亲戚朋友当作笑料，于是宁愿在城市失业，也不想再回去"丢人"，从而错失了许多比较合适的工作。

3. 综合素质欠佳，职业生涯规划缺失

就业是民生之本，大学生就业问题是社会关注的热点问题。受宏观环境影响，大学生就业形势日趋严峻。影响大学生就业的因素很多，大学生自身是否具有竞争力和良好的综合素质是大学生能否成功就业的关键因素。这些素质短时间内是不可能形成的，需要不断地学习和实践，逐步积累起来。贫困生一般综合素质欠佳，没有明确、长远的职业生涯规划和设计，他们在大学学习期间，不能够根据自己的职业发展进行能力素质知识架构的调整和完善，在就业实践中由于缺少了综合素质，导致就业没有竞争力。

4. 就读冷门专业比例高，择业范围局限性大

经济困难直接影响了贫困生高考志愿的填报方向。高校各专业的学费是大相同的，热门专业的学费高于一般专业，国家为了扶持冷门专业，鼓励学生报考冷门专业，在政策上对冷门专业有一定的倾斜，冷门专业的学费也要稍低一些，学费上的优势吸引了不少贫困学生，致使贫困生多集中分布在冷

[①] 邵国平，王水珍.择业期间贫困大学生生涯自我效能、焦虑的变化：浙江师范大学贫困生的调查研究 [J].浙江师范大学学报（社会科学版），2007（01）：93-97.

门专业。相较于热门专业和一般专业，冷门专业的就业面本身就比较狭窄，再加上高校某些专业设置不尽合理，教授的知识滞后于社会的需求，导致培养的毕业生知识落后、技能单一。高速发展的经济对于人才提出了更高的要求，事实上当前很多的毕业生在专业结构、知识结构以及综合素质方面都无法满足社会的需求。学生毕业后，一旦专业不对口，就很难向其他领域转移，容易出现就业困难。

第四节　高校贫困生就业准备评估方案

一、高校生就业准备的涵义

关于就业准备，不同学者有着不同的见解，其中马志强、吴万民认为就业准备有广义和狭义之分。广义的就业准备既包括尚未找到工作的就业者为了能从事某种职业或者获得某个职位，在一个相当长的时期内所做的就业准备工作，又包括已经找到工作的就业者为了进一步做好本职工作所进行的准备工作，或者已就业者对当前的工作不满，希望改换职业所进行的准备工作。狭义的就业准备是指现阶段还未找到工作的未就业者为了能够从事某种职业或者获得某个职位在一定时期内所做的准备工作。高校毕业生刚毕业，摆在他们面前的首要任务就是就业，因此马志强、吴万民认为高校生的就业准备属于狭义的就业准备，这种观点强调了高校毕业生进入毕业学年或毕业学期为就业进行的各种准备，忽视了从全程化、全方位和系统性等角度对高校生就业准备的内涵进行探讨[①]。

二、高校生就业准备的内容

教育界的专家学者关于就业准备的内容从不同的角度进行了研究，如眭

---

① 马志强，吴万民. 试析大学生就业准备 [J]. 长春工业大学学报，2001（01）：43-44.

国荣、赵庆华认为高校毕业生为了顺利就业，在就业前夕应做好三方面的准备，即政策和形势的准备、就业心理的准备、做好自荐材料的准备[①]；杨冬梅认为大学毕业生要想找到理性的工作，应该做好认知的准备、知识的准备、能力的准备和心理的准备[②]；宋桂言认为高校生在毕业前做好的就业准备有精神思想准备、职业目标准备、品德素养的准备、面试的准备[③]。本书综合研究了诸位学者的成果，从以下几个方面对就业准备内容的研究进行综述。

（一）知识的准备

知识是人们在认识世界、改造世界的实践过程中所取得的认识和经验的总结，是一切人应具备的基本素质之一。教育领域的专家学者对于高校生就业准备中的知识准备进行了不同角度的研究，得到了如下结论：（1）有的学者对知识准备的重要性进行了探究，他们认为知识准备是高校生就业准备中的重要内容，新经济常态下，很多用人单位为了增强市场竞争力希望选拔出"一专多能"的复合型人才，大学毕业生要想在激烈的人才竞争中获胜，得到理想的工作岗位，就必须注意就业前的知识准备；（2）有的学者对知识准备的特点进行了研究，他们认为知识准备是一个长期积累的过程，贯穿于高校生学习生活的全过程；（3）有的专家对知识准备的内容进行了分析，他们认为知识准备不仅包括专业知识准备，还应该包括就业政策、就业信息、应聘面试技巧等方面的知识准备。

（二）能力的准备

能力是指人们利用自身的知识和经验认识事物、解决问题的本领，是知识的活化过程[④]。教育界的专家学者从不同的角度出发，对高校生就业准备中的能力准备进行了归纳总结，包括如下方面：（1）有的专家对能力准备的重要

① 睦国荣、赵庆华、毕业生就业准备三部曲 [J]. 中国大学生就业，2002（08）：86.

② 杨冬梅. 大学毕业生的就业准备 [J]. 中国大学生就业，2002（08）：84–86.

③ 宋桂言. 大学生毕业前的准备 [J]. 中国大学生就业，2005（16）：117–118.

④ 杨金娥，李斌山. 大学生就业指导 [M]. 北京：科学出版社，2009：50–75.

性进行了研究，他们认为能力准备是高校生就业准备的核心内容；（2）有的专家对能力准备的特点和要求进行了研究，他们认为能力的准备并不是一个短期的行为，而是一个发展的过程，高校生需要做好职业规划，从进校开始就要着力培养自己的各种能力；（3）有的专家对能力准备的内容进行了分析，认为能力的准备具有丰富的内涵，既包括学生掌握本专业所需要的技能，又有良好的沟通能力，勇于创新的能力，决策的能力，适应变化的自我发展能力等。

（三）心理的准备

心理准备是指大学毕业生在就业前对求职过程中或者工作中可能出现的各种情况做出的估计和评价，以及为了解决这些问题建立的某种思想观念和深化某些心理品质的心理活动过程[①]。学术界对于高校生就业准备中的心理准备进行了多方面的研究，形成了如下观点：（1）有的学者认为，心理准备在高校生就业准备中占有重要地位，在高校生顺利就业的过程中发挥着重要作用。做好充分、正确的就业前心理准备，才能赢在就业市场的起跑线，从而找到理想的工作。良好的就业心理准备可以起到事半功倍的作用。（2）有的学者对就业准备的内容进行了研究，他们认为要做好心理准备，主要是要做到有信心，相信自己能够找到合适的工作，对未来的工作岗位有着合理期望值；面对工作中遇到的挫折，有着较好的心理素质，能够承受挫折；当就业过程不太顺利时，有着先就业再择业甚至失业等心理准备，不要有自负、侥幸和依赖心理。

（四）面试的准备

所谓面试指的是求职者在了解用人单位的招聘条件、福利待遇后，觉得用人单位符合自己的就业期待，并且用人单位在了解求职者的能力和薪资待遇后，同样觉得求职者能够胜任该工作岗位，双方达成了一致意见，用人单位与求职者确定时间和地点进行面对面的交流，以直观考察用人对象的过

---

① 杨金娥，李斌山. 大学生就业指导 [M]. 北京：科学出版社，2009：50–75.

程。面试是用人单位和求职者双向选择的过程，用人单位不仅要考察应聘者形体外貌、思想素质、知识才能，同时还要观察应聘者是否具有良好的语言表达能力和随机应变的思维能力等[①]。目前，高校生求职择业的过程中都必须要经过面试这一关。对于高校生就业准备的面试准备，前人都已经从多个角度进行了深入的研究，本书在此就不再重复。

（五）信息的准备

信息时代背景下，人们获取信息的渠道更加的多样，获取到的信息更加的丰富。对于大学生来说，这似乎是一个无所不能的时代，他们能获取到各方面的信息，如可以从网络中查找招聘等位的信息等。高校生就业准备中的信息准备研究主要集中在两方面：（1）信息准备的功能研究。信息在毕业生择业的过程中发挥着至关重要的作用，具体表现为有利于高校生清晰的认知自己的优缺点，从自己的优点出发，寻找能够发挥自身优势的工作岗位，避开就业雷区。当毕业生在就业的过程中遇到难以解决的问题时，可以和其他人进行信息交流，进而寻找到解决问题的方法。有助于毕业生以最小的代价找到最理想的工作。（2）信息准备的分类研究。毕业生在进入就业市场前要对就业信息进行分类，根据内容的不同，就业信息准备可划分为三类：政策类信息准备、需求类信息准备以及就业形势信息准备。

三、高校生就业准备评估的重要性

伴随着社会经济的发展，社会对于大学生的能力提出了越来越多的要求，要求他们有着丰富的专业知识和专业技能，还要有良好的心理素质，开拓进取的精神以及主动解决问题的能力。因此，高校生需要进行全方位的就业准备，提高个人综合能力和素质。高校作为培养大学生的主阵地，需要帮助学生做好职业规划，将就业准备与大学学习生活紧密结合起来，从而使大学生快速适应社会。关于就业准备的评价研究，国内文献中只找到了卜树春

---

① 钱建国. 大学生职业规划与就业指导 [M]. 北京：人民出版社，2006：107-145.

的研究成果。卜树春在研究中提出了四个观点：（1）为了培养学生的就业能力，就业准备指标应该纳入教育质量评价体系；（2）就业准备指标的架构是一个长期的过程，最开始的就业准备指标必然是粗犷的，简约的，随着时间的推移，就业指导工作会越发成熟，就业准备指标也会走向细致和纷繁，并逐步形成体系；（3）就业准备指标不仅要考虑高校的就业指导，还要研究就业市场的变化趋势以及社会发展的需求；（4）就业准备的指标权重因素至少应包括学生评价、学校评价和社会评价，权重系数可分别设为3、3、4[①]。教育评估是教育质量保障的重要手段。当前，高等教育大众化进程中的教育质量评估还没有关注到学生的就业准备，这是不正常的。对大学生就业准备评估进行研究，从社会层面上看，可以为社会（用人单位）选拔人才提供可操作性的参照标准；从高校层面上看，可以为高校人才培养质量评估体系的建构提供有益参考，同时还可以用来测评和动态监控大学生就业准备情况，探索出大学生就业的规律，从而为大学生就业教育的开展和人才培养模式的构建提供初步的科学依据；从大学生自身层面上看，大学生可以将自己的就业准备和其他同学的就业准备进行比较，进而发现自身就业准备有哪些不足之处，达到对自身就业准备的正确认知。

四、高校生就业准备评估量表的编制

（一）PTA量表法介绍

面对日趋激烈的市场竞争，各高校组建了课题组来研究高校的就业指导工作。多年的就业指导实践表明，PTA量表法是研究高校学生就业准备评估的有效方法。PTA量表法中的PTA是英文Primary Trait Analysis的缩写，即基本要素分析。PTA量表法最初是由美国教师沃尔佛德和安迪生以及他们的同事用来批改学生作业的方法，这种方法对于开放性作业的批改有着显著的

---

① 卜树春.就业准备指标应该纳入教育质量评价体系 [J].盐城工学院学报（社会科学版），2008（04）：63-65.

效果。使用基本要素分析法来对学生的作业进行评分，评价者必须做到以下几点：（1）要确定可能对评价起重要作用的基本要素。这并不是一件容易的事，评价者要对即将评价的要素有着大致的了解，还要同行业内的人士就评价的要素进行交流、讨论，对于不能准确反映评价内容的要素要及时进行修改、完善。（2）评价者要编制针对每一个基本要素的评价量表。评价的目的不同，所选用的评价要素也是大不相同的。评价者要从评价的目的出发，为每一个基本要素编制 2~5 个水平的量表，然后用文字准确描述每一个表现水平。（3）在批改学生作业的过程中，不断对量表进行测试和修改，直到这个量表和评分者之间的一致性都达到了预定的要求[①]。

为此，确定了如下主要研究程序来编制大学生就业准备评估量表：（1）确定大学生就业准备评估的基本要素；（2）确定各基本要素的权重；（3）编制每一个基本要素的评价量表；（4）将各基本要素的评价量表整合成就业准备的评估量表；（5）评价量表的初步应用。

（二）基本要素的确定

为了能够使获得的基本要素更加的准确，经过认真研究，采用文献法和头脑风暴法共收集到了就业准备的 33 个要素。课题组同就业指导教育方面的专家进行积极的沟通交流，将 33 个要素分成了如下 8 类：（1）对成功就业的要素的正确认知、对当前就业形势的正确认知、对自己专业兴趣与特长的正确认知，对用人单位及未来工作岗位的正确认知，对实践的正确认知、对人才选拔的正确认知；（2）就业的思想准备、调整就业期望的思想准备、承受挫折的思想准备备、创业的思想准备、基层就业的思想准备、失业的思想准备；（3）专业知识准备、人文和科学知识准备、社会生活知识准备、就业政策知识准备；（4）人际交往能力准备、开拓创新能力准备、决策能力准备、

---

① （美）沃尔佛德，安迪生．等级评分：学习和评价的有效工具 [M]．基础教育课程改革"促进教师发展与学生成长的评价研究"项目组，译．北京：中国轻工业出版社，2004：61-73.

动手操作能力准备、语言表达能力准备、组织管理能力准备、适应能力准备；
（5）吃苦耐劳精神准备、团队协作精神准备、奉献精神准备、敬业精神准备；
（6）自荐信准备、成绩单准备、荣誉证书准备、求职简历准备、考场证书准
备；（7）信息准备；（8）身体素质准备、形象准备。现代教育评价理论中提
出了"体系内指标相互独立性原则"以及"可接受性原则"[①]，为了更加全面
的描述大学生就业基本要素，课题组将上述八类指标合并为八项指标，将认
知准备、思想准备、知识准备、能力准备、精神准备、材料准备、信息准备
作为大学生就业准备评估的七个基本要素，将其他准备即身体素质准备与形
象准备作为加分指标。理由如下。

第一，认知是指人们认识外界事物的过程，或者说认知是人通过运用感
觉器官认识外界事物并进行信息加工的过程。认知是心理学上的术语，包括
感觉、知觉、记忆、思维等心理现象。相应的，就业认知则可以定义为人们
认识就业的过程，或者说是人们对就业进行信息加工的过程。在当前大学生
就业困难的实际情况下，大学生若不能对成功就业的要素、当前就业形势、
自己的优劣势、用人单位的人才选拔等方面有正确的认知，就难以获得理想
的工作岗位。"正确的认知是通向成功的路标。"[②] 因此，认知准备理应作为大
学生就业准备评估的基本要素。

第二，从知识的定义来看，知识是人们在认识世界和改造世界的实践过
程中所取得的认识和经验的总结。知识是人类智慧的结晶，是社会一切人才
应具备的基本素质。正因为有了知识，人类才能征服自然，改造自然。当今
世界正处于一个知识爆炸的时代，不断学习新知识是我们适应这个飞速发展
时代的唯一途径。在现实中，很多用人单位在招聘面试中既重视求职者的专
业水平，又十分重视求职者人文科学知识面的广泛性，甚至还包括求职者的
社会生活知识等。由此可见，知识准备是大学生就业准备的重要内容。毕业
生要想获得用人单位的青睐，在激烈的人才竞争中脱颖而出，就必须注重择

---

① 吴钢.现代教育评价基础 [M].上海：学林出版社，1996：113-114.
② 张辉.成功人士的七个认知 [M].北京：中国商业出版社，2010.

业前的知识准备。因此，知识准备理应作为大学生就业准备评估的基本要素。

第三，一切符合客观事实的正确思想将对客观事物的发展起促进作用，反之，错误的思想必定对客观事物的发展起阻碍作用。对于大学生而言，在当前国家西部大开发和新农村建设的大背景下，如果仍然一心只想到就业竞争异常激烈的大城市、大单位，不愿选择小城镇、农村地区急需人才的地方，该错误思想将对成功就业起很大阻碍作用。因此，思想准备理应成为大学生就业准备评估的第三个基本要素。

第四，经济的快速发展对于职场产生了深远的影响，社会对于人们的就业能力提出了更高的要求。社会经济的迅猛发展使得人们的受教育程度不断提高，人才的素质也有了大幅度提升，就业市场的竞争日趋激烈。大学生作为社会未来的建设者和接班人，如何在职场的起跑点占据优势地位，如何提高适应当代职场特点的就业能力，成为社会关注的热点问题。随着国家间的联系日益紧密，经济全球化的趋势进一步加深，职场环境也面临着新的机遇与挑战。身处多元化、国际化的工作环境，职场人士要想迎难而上，获取更多的发展机会，就必须树立终身学习的理念，加强同他人的沟通，不断提升能力素质，开阔视野，创造更大的价值。随着人才测评理论的发展，企业的管理日趋成熟，越来越强调人才和岗位的匹配度，针对不同的岗位设定了不同的招聘条件。大学生的就业能力具有丰富的内涵，它不仅包括狭义理解中找到工作的能力，还包括持续完成工作、实现良好职业生涯发展的能力。大学生就业能力的内涵随着就业市场的变化不断更新内容。因此，能力准备理应成为大学生就业准备评估的第四个基本要素。

第五，精神在哲学上被定义为意识形态上存在的动力和无意识形态上潜在的动力，在现代汉语词典上被定义为人的意识、思维活动和一般心理状态。人们的社会精神生活，即社会意识是人们的社会物质生活，也就是社会存在的反映。精神不仅是被动的反映现实世界，对于现实世界还有着极大的能动作用。精神可以指导人们改造现实世界，通过社会实践活动，将精神的东西转化为物质的东西。团结协作、吃苦耐劳、爱岗敬业、奉献精神是职场对人才的要求，也是国家和社会对人才的要求。因此，精神准备理应成为大学生就业准备评估的第五个基本要素。

第六，大学生就业的材料准备主要是指自荐信、个人简历、考级证书、荣誉证书等方面的准备。自荐信也称为求职信，是求职者向用人单位介绍和推荐自己的正式书面材料；个人简历常被作为自荐信的附件，与自荐信一起使用。成绩单、考级证书、荣誉证书是大学生个人知识、综合能力和素质的体现，常被作为个人简历的附件，与个人简历一起使用。对于大学毕业生而言，上述这些材料是他们顺利就业的敲门砖，是非常重要的。因此，材料准备理应成为大学生就业准备评估的第六个基本要素。

第七，从大学生择业的过程来看，他们通过各种渠道收集需求信息，从中筛选出符合自身条件并且自己满意的用人单位，再通过多种渠道与用人单位联系，从而达成就业意愿，最后签订就业协议。这种落实就业单位的方式同毕业生盲目地到处递送推荐材料比起来，具有针对性强、成功率高、省时、省力、花销少等优点，有助于毕业生以最小的代价找到最理想的工作。"知己知彼，百战不殆"，这句名言反映了信息的重要性。大学生掌握了就业信息，就能够在职场中掌握主动权，始终立于不败之地。因此，信息准备理应成为大学生就业准备评估的第七个基本要素。

（三）基本要素权重的确定

大学生就业准备评估体系的构建并不是一件简单的事，需要综合考虑各基本要素的权重。权重的大小表明它们在大学生就业准备中所处的地位，权重越大，所处的地位越高。当前，学术界有着很多确定权重的方法，其中特尔斐法（Delphi Method）是应用较为广泛的方法。特尔斐法是美国兰德公司于1964年提出的一种方法，该公司认为特尔斐法用于技术预测能够取得较好的效果。随后特尔斐法在各行各业得到了普遍的应用。该方法实施的目的是更加全面地认识所要调查的事物，利用专家的知识、经验、智慧等无法量化的信息，通过讨论，专家们在意见的交锋中逐渐形成相对统一的认识，进而得出关于调查对象的特征和本质的方法。

（四）高校生就业准备评估量表的制订

在制订各基本要素的内涵和权重之后，课题组整合形成大学生就业准备评估的 PTA 量表，建立相应的等级评定方法，就量表的使用作相应说明。经过多次公开报告、专家集体讨论评议等程序，最后制订大学生就业准备的 PTA 评估量表。

（五）几点补充说明

1. 量表用途说明

该评估量表可以用于大学生对自身就业准备的评估，同学间对彼此就业准备的评估，也可以用于高校（主要包括本科院校、专科院校、职业技术学院）、用人单位招聘人员对大学生就业准备的评估，用途很广泛。

2. 指标权重修正说明

该评估量表中各一级指标的权重主要是取就业指导教育专家和企事业单位招聘主管所赋权重的平均值，再根据多位专家的意见修正过来的。由于各专家看问题的视角和所代表的立场不同，所赋的权重也有一定的差异，特别是招聘专业技术岗位与招聘管理、营销岗位的招聘主管所赋权重的差异很大（各专家对二级指标所赋的权重差异很小）。因此，评估者在应用该量表时，还可以根据自己的目的和要求对一级指标的权重进行修正。

3. 等级评估操作步骤说明

首先，评价者对评估对象在各二级指标的实际表现作出细致的等级划分并赋分。其次，评价者用各一级指标下的二级指标的得分乘以相应权重，然后将各二级指标的得分求和，得到每一个一级指标的得分。最后，将每一个一级指标的得分乘以相应权重，再分别相加，所求得的和便是评估对象就业准备的最终得分。

第六章　高校贫困生就业指导与服务

本章主要内容为高校贫困生就业指导与服务，论述了五个方面，分别是就业指导和就业服务概述、我国现有的就业指导服务政策规定、高校贫困生就业指导的模式与特点、高校贫困生就业指导的原则和意义、高校贫困生就业指导的行动方案。

第一节　就业指导和就业服务概述

一、就业指导概述

（一）就业指导的内涵

就业指导可以从狭义和广义两个角度进行定义。所谓广义的就业指的是对即将就业的大学生资源进行预估，对社会的需求量进行预测，向学生传递就业信息，组织和举办与就业有关的介绍、推荐、招聘等综合性质的社会服务和咨询活动。就业政策的导向以及相应的思政工作也属于广义的就业指导范畴。狭义的就业指导指的是按照相应的要求向学生传递就业的相关信息，在学生与用人单位之间充当桥梁和纽带。

在美国最早将就业指导当作一门与社会服务工作有关的研究课题，美国学者弗兰克·帕森斯在 1908 年首次提出这一概念，1909 年出版了相关的书籍——《选择职业》。全世界首次开设大学生就业指导课是在 1911 年的美国哈佛大学。在此之后，就业指导活动陆陆续续地在德国、苏格兰等国家和地区开展。在我国，随着高校毕业生就业制度的不断改革，高校的就业指导也随之获得发展。1916 年，清华大学开始对开展大学生就业指导工作进行筹备。1923 年就业指导委员会正式成立，这也标志着我国高校就业指导工作拉开了序幕。在 1925 年《职业指导实施》出版发行，记录了我国就业指导工作开展的历程。在中华人民共和国成立以后，国家教育委员会于 1994 年对部分高校实行"招生并轨试点"工作进行了批准，这就意味着我国高校收费和毕业生就业制度改革的序幕正式拉开。1997 年，面向全国所有高校的新的收费制度和毕业生就业制度改革开始推广和实施。2000 年，世纪之交，全国范围内的高校基本上实现了对毕业生就业制度的新体制的实施。面对新的就业体制，高校需要及时转变自身的就业指导工作，建立健全就业指导机构，更好地为大学生就业提供指导，其中包括：一是对大学生就业提供相应的就业信息；二是对大学生就业进行心理指导工作；三是开展择业的咨询服务；四是为自主创业的学生提供指导；五是帮助大学生进行自我评价，找到合适的岗位。

对于就业指导的内涵学术界还尚有争议，有的学者认为就业指导的主要作用就是为被指导者提供就业的信息，帮助他们进行职业的选择，在这个过程中，就业指导主要承担的是一种桥梁和纽带的作用，是就业者与岗位提供者之间的信息沟通渠道。就业指导主要由一系列的咨询活动组成，是综合性的服务，需要对被指导者的就业全过程进行介入。开展就业指导的前提是需要对被指导者的特点进行了解，明确被指导者的就业意愿以及对社会化职业的需求，帮助被指导者树立正确的择业观、就业观，同时为被指导者提供知识和技能，以此来帮助就业者选择职业和准备就业，为就业者在职业中不断进步和发展打下坚实的基础；组织劳动力市场，不断开展就业招聘活动，针对被指导者的特点、专业、经验等进行介绍和推荐。那么，什么是大学生就业指导呢？有学者曾这样认为，对于大学生就业指导而言，主要包含两个方面：首先，需要为学生不断提高自身的技能和素质并顺利就业提供全方位的、多方面的服务；其次，针对学生的特点和专业的优势，综合考虑社会职业的需要，帮助和引导学生选择最适合自己的、最能发挥自身优势的职业，使学生能够快速、全面、有效地实现毕业者与岗位的融合和适应，进而实现自身的理想和价值，为社会作出贡献。如果从广义的角度来说，思想政治教育也属于就业指导的范畴。

（二）就业指导的基本功能

就业指导的基本功能主要有三个：首先，让学生对自我有充分的了解，比如自身的性格、爱好、能力、知识水平等，从各个方面出发，对自我有一个充分的认识和了解，对自我有理性的认识。其次，帮助大学生对社会中的不同职位的不同岗位要求进行了解。让学生了解岗位的内容、岗位的能力要求、职业的分类、岗位的相关知识等。最后，在了解学生自身特点和性格、知识、能力的基础上，帮助大学生选择合适的职业，完成择业。

（三）就业指导的主要内容

1. 信息指导

就业指导的基础是信息指导，毕业生要想获得尽可能多的就业机会，充足、广泛的社会需求信息是必要条件。

2. 思想指导

就业指导的中心是思想指导，主要有三个重要的内涵：一是帮助大学生树立正确的择业观、就业观，二是帮助大学生养成高尚的职业道德，三是帮助大学生选择正确的、合适的就业道路。

3. 求职心理指导

就业指导的基本内容和重要组成之一就是求职心理指导。通常来说，对于大部分即将毕业的毕业生，还没有做好心理和思想准备，会出现恐慌感，这就导致在进行面试的时候会拘谨，甚至出错，造成失误。

4. 求职技巧指导

部分毕业生对于就业的相关政策和规定并不了解，不知道自己拥有哪些权利和义务，对于权利的行使也不了解。部分学生不清楚具体的招聘和应聘的程序，不知道如何整理资料、填写个人表格，不知道如何向用人单位进行自我介绍，对于面试中的礼仪和言谈举止还不明确和熟悉，这些都需要进行专门和必要的指导。只有这样才能避免学生不按时到会、材料整理不得要领、言语不当、手续不全、礼仪不周等问题造成求职失败。

二、就业服务概述

所谓的就业服务指的是社会和国家为了实现在总量和结构上的生产资料与劳动力相结合的一种社会服务，主要是为了解决失业、待业等社会性问题。早在 20 世纪初期，一些国家就已经兴起了就业服务，当时主要是为了维持社会的稳定和改善失业者的当下生存状况，解决社会问题。随之社会的发展，西方国家的经济获得了快速的增长，随之而来的就业需求不断扩大，这就促进了就业服务的快速发展，推动了国家就业政策的执行，同时也成为国家就业政策的最直接体现。总的来说，就业服务是一种对劳动力市场供需关系进行有效调节和改善的直接手段，也就是普遍意义上的干预劳动力市场，同时就业服务还是就业政策和就业制度的不可或缺的部分。就业服务具体可以分为两种：一种是公共就业服务，另一种是私营就业服务。这两种的主要职能如下：通过职业介绍、劳动力市场信息、职业培训、职业指导等手段来帮助劳动者实现就业，帮助用人单位找到合适的劳动者。

在资本主义国家，生产资料被资本家所占有，劳动力成为商品，有劳动能力者只有在被雇佣的前提下，才能与生产资料相结合，因而出现了大量的失业人口。失业人口是资本主义生产方式存在的一个条件，也是资本主义生产方式下特有的人口规律，这造成了越来越严重的社会问题。长久以来，在西方，各个国家为了缓和社会矛盾、减少失业率，会开展各种就业服务。西方国家在第一次世界大战后就建立起了就业安全制度：在英国，就业政策、就业服务等司设在劳工部名下；在美国，就业安全局设置在劳工部名下，主要的业务内容是就业服务和失业保险。在第二次世界大战之后，充分就业在联合国宪章中明确成为各个会员国的重要目标。对此，美国在 1946 年针对这个问题结合当时的社会形式通过了就业法案；在 1973 年英国通过了《就业训练法》，来帮助人们就业。

就基本内容来说，西方国家就业服务主要包含三个方面的内容。首先，职业介绍，是最主要的项目。在求职人员和雇主之间建立交换中心，从而形成全国性或者区域性的劳动力市场，在这个劳动力市场中，雇主可以按照自己的条件选择合适的求职人员，求职人员也因此获得就业机会。在职业介绍这方面中，还可以帮助劳动力过剩的地区的求职人员到劳动力过少的地区进行就业，平衡劳动力市场的供需。其次，职业指导为就业者提供就业信息，对该职业进行分析，帮助就业人员对职位进行选择和准备，如果有需要可以调整职业，帮助求职人员获得与自己预期、兴趣、知识、能力水平相适应的就业岗位。最后，职业培训，组织对求职人员的培训和技能教育，包括技术、智力、个人修养、能力等方面。尽管西方发达国家在就业服务措施上非常完善，但是失业现象一直存在，主要原因在于资本主义的生产方式。在西方，一些社会学家和经济学认为"充分就业"的标准是 4% 或 5% 的失业率，这也从侧面表面了就业服务在资本主义的制度下作用非常小。

与资本主义社会不同，在社会主义社会中，从整体上来看，生产资料公有化也就意味着生产资料与劳动者之间存在了全社会范围内的一种结合关系，合理的、充分的就业很可能会实现，使得每一位劳动者都愿意承担社会责任，让具有劳动能力的人享有劳动的权利。当社会主义社会在一定时期内出现劳动人口总量超过所提供的岗位总量的时候，或者当出现就业岗位构成与劳动人口构成不协调、脱节的情况时，就会产生待业现象，这种现象与资本主义失业现象在本质上是不同的。在中华人民共和国成立之后，我们政府采取了多种方式促进就业，比如就业训练、介绍就业等方式。在政府的努力下解决了之前四百多万人口的失业问题，以及在之后的发展中，由于经济快速增长、人口急剧增长等带来的一些待业问题。

在中国的不同时期有着不同的就业服务内容和具体措施，具体如下：首先，对于就业服务工作设立专门的机构进行管理。在20世纪50年代初期，不管是在中央还是在地方的各大行政区、省的人民政府都成立了相应的劳动就业委员会，以国务院颁布的《关于劳动就业问题的决定》为指导，对各地劳动部门和其他有关部门为失业人员的介绍就业、登记工作、救济工作、就业再培训工作等事务的办理进行指导，对社会劳动力进行统一的调配。劳动就业委员在1953年8月后被撤销。这段时间，就业服务的管理主要由政府的劳动部门负责，这一时期就业服务工作也不断走向制度化、规范化、日常化。在一些大中城市，劳动部门还成立了劳动力介绍所，主要用来对城市中的闲散劳动力进行管理和安置，对他们进行就业技术培训和思政教育。

其次，开展多种类型和多层次的职业培训，对于先培训后就业的制度进行推行。在这一阶段，在全国建立了很多的技工学校，同时改革了学徒培训机制，针对当前的就业形式和特点举办了很多的短期训练班、职业教育培训中心、职业学校。人事、教育等部门对军队转业干部、中等专业学校毕业生、高等院校毕业生进行统一的分配。国家对待业青年进行统筹规划和指导，主要实行的是自愿就业、劳动部门安排就业以及自谋职业三者相互结合的就业方式。

最后，为了对城镇的劳动力进行统筹，劳动服务公司得以创建。在20世纪80年代，为了适应劳动制度改革，全国的劳动部门普遍创建了劳动服务公司，以此来对城镇的劳动力进行协调。此时的劳动服务公司是对社会劳动力进行管理的组织，一方面具有行政的职能，另一方面具有经济的职能。该组织的主要任务就是对社会中的劳动力需求状况进行掌握，同时对待业的人员进行登记、调查、统计、培训，帮助待业人员就业，还兴办集体经济事业，这样可以解决一部分待业人员的就业。随着社会的不断发展，所有制企业、街道、机关单位、事业单位、群众团体等也参与到劳动服务公司之中，对就业进行安排和指导。与此同时，劳动服务公司和政府劳动部门还会定期举办交流会和专业职业介绍所来为待业人员创造更多的就业机会和就业的途径。以上这些中国的就业服务形式对于城镇的充分就业起到了积极的作用。

第二节　我国现有的就业指导服务政策规定

高校毕业生就业实行的工作体制是由地方和中央两级管理、以地方管理为主的体制。国家针对毕业生就业制定了相应的就业政策，对全国的毕业生就业工作进行宏观调控，就业政策会随着时间的变化和社会形势的变化不断进行调整和变化，但是相对来说，国家的就业政策法规在很长时间内具有稳定性。最近这些年，毕业生的人数在不断增长，这也引起了中央对高校毕业生就业工作的重视，主要表现在以下方面。

首先，鼓励毕业生去基层和西部等祖国最需要的地方就业，政府和国家要加大政策的支持力度，为毕业生提供相应的优惠政策。

其次，建立和完善毕业生就业市场。对各种毕业生的招聘会的秩序进行严格规范，举办的高校毕业生招聘活动不能以营利为目的，对于发布虚假信息的单位进行惩戒。

再次，政府为了保证毕业生的顺利就业可以加大政策的支持力度，为政府可以为毕业生创新创业提供担保和贷款。

最后，对人事制度和劳动制度进行深化，对于职业资格准入制度进行完善和执行。国有性质的企事业单位招聘应该面向全体高校毕业生，进行公平、公开、公正的面试，进行择优录取；各级党政机关以及地（市）、县、乡级机关所录用公务员应该遵循"凡进必考"制度。

国家对于大学生的就业工作一直以来都非常重视，国务院以及相关的部委也都制定了与当前形势相符合的高校毕业生就业政策，保证和促进毕业生就业，这可以缓解高校毕业生的就业压力。这与就业有着密切的联系。

第三节　高校贫困生就业指导的模式与特点

一、高校贫困生就业指导的主要模式

（一）以辅导员为主的就业指导模式

在当前的高校管理工作中，主要负责就业指导工作的大部分是二级学院或者二级院系的辅导员。在高校工作中，辅导员一方面是就业指导工作的重要力量，关乎大学生就业指导工作的顺利开展；另一方面也是学生管理工作和高校学生思政工作最前沿的工作人员。尽管如此，当前以辅导员为主的就业指导模式依旧出现了很多的问题。

第一，辅导员的日常事务非常的繁杂，这就导致辅导员很难有时间和精力对大学生，尤其是贫困大学生进行细致入微的就业指导。作为高校学生工作的中坚力量，辅导员一方面需要对学生提供就业指导，另一方面还需要对学生进行思想政治工作；一方面需要承担学生的党团相关工作、日常管理工作，另一方面需要承担学生的心理健康教育工作。因此，高校辅导员承担着重要的责任，有着繁重的任务，这就导致辅导员无法分出更多的时间和精力对学生进行全面的、细致的就业指导工作，也就很难对贫困大学生进行一对一的有效就业指导。

第二，大部分的高校辅导员并没有专业的就业指导相关知识，很难对贫困大学生进行专业指导。就业指导看似简单，实则是一个系统化的工作，具有很强的专业性，因此需要进行就业指导的相关人员具备理论知识，比如心理学、人力资源、职业生涯测评、教育学等专业的理论，还需要具备一定的实践工作经验。但是对于高校的辅导员来说，一般不具备相关的专业知识，更不用说相关的实践经验，加上辅导员有着繁重的工作任务，也没有相关的培训机会，因此没有办法对就业指导所需要的专业知识进行系统的学习，也没有办法积累相关的实践经验。鉴于此，高校辅导员对于贫困大学生的就业指导很难科学、深入、系统的开展。

（二）以就业率提升为追求目标的就业指导

在当前的高校工作中，评价高校工作成效的重要指标之一就是"就业率"，这就导致很多不负责任的高校为了追求更好的就业率往往会在对学生进行就业指导的时候向学生传达"不论什么岗位，先签了再说"的信号和思想，这样的情况就会导致大学生本身的性格、能力和专业与学校向毕业生提供的就业信息中岗位不匹配。高校如果只为了高的就业率，那么就会导致很多学生不能对自己的职业生涯进行科学的规划并获得系统的指导，对于与自己匹配的职业并不了解，就会出现盲目就业的现象，后续还会出现频繁解约换工作的情况，不利于学生个人职业生涯的发展。以上这种情况与科学的就业指导模式是相悖的，甚至会导致大部分的学生失去就业的信心。这种现象也同样存在于大学生就业指导中。在求职的过程中，相比于其他学生，贫困大学生的就业难度会增加。部分高校为了较高的就业率，在对贫困大学生进行就业指导的时候会竭尽所能让贫困大学生先找到一份谋生的工作，一旦贫困大学生不能适应岗位而解约时，就面临经济和精神上的双重压力，这对贫困大学生的职业生涯的发展是不利的，不利于成功就业。

二、高校贫困生就业指导的特点

（一）普遍性与特殊性

所谓的就业指导工作的普遍性主要有以下几层含义：第一，不同学历层次、不同年级、不同地区、不同科类以及不同培养方式的学生都必须得到相应的就业指导；第二，学校开展用人指导是用人单位和毕业生的需求；第三，各种的就业指导在内容和目的上有相同点。大学生就业指导所具有的普遍性要求学校必须充分重视就业指导工作，通过各种的途径和方式来实施就业指导。在当前中国，存在地区经济和行业发展不平衡的现象，因此，各个学校的毕业生所面临的就业形式和行业层次不同，在就业的过程中面临的主要问题也有所差别，主要矛盾也不同，因此各个学校的就业指导工作具有特殊性。因此，对于学校来说，对于就业指导工作的关键和重点是解决好所面临的特殊问题。

（二）连续性与阶段性

大学生就业指导的连续性指的是在培养大学生的整个过程中和就业的全过程中，就业指导一直存在，就业指导的内容是连续性和渐进性的。大学生就业指导的主要目的就是从各个方面全面提高大学生的素质，保证大学生顺利择业和就业，合理配置大学生这种劳动力资源。所谓的大学生就业指导的阶段性指的是就业指导工作是需要分阶段来完成的，每一个阶段都有不同的侧重点和内容，每一个阶段都是后一个阶段的重要基础。具体来说，在大学生刚刚入学的时候，在了解社会需要的前提下，协助大学生对本专业进行了解和深入认识，让学生树立起热爱本专业的思想，稳定专业思想，并且帮助学生尽快适应大学校园生活。在这一阶段，就需要根据当下社会对专业人才的素质要求，全面提高学生的专业知识和综合素质，让学生珍惜当下的大学生活，明确自身的历史使命，不断提升自我，为之后的就业创造条件。在就业准备的阶段，就业指导在此阶段需要为学生提供全面的、多方面的岗位信息，提供各种形式的服务，帮助学生弥补在知识、技能、心理、思想上的不足和缺陷，以岗位的要求为依据提升学生的就业竞争能力，帮助学生尽快走上工作岗位，适应工作岗位，让毕业生从学生身份成功转为职业工作者的身份。

（三）政策性与思想性

对于大学生资源的宏观调控和管理，国家主要是借助一系列的就业方针、就业政策、就业相关的法律法规来实现。国家的就业政策的具体落实和执行者就是高校，因此，高校应该以国家的就业政策为核心来开展就业指导的工作，使就业政策的导向作用得到充分的发挥。高校在对国家的就业政策进行宣传和实施的过程中，需要对学生进行细致和深入的思想工作。在就业指导中，思想工作一方面是就业指导的实施途径，另一方面作为指导工作的内容之一。在对大学生的就业指导工作中，为了及时对学生在就业过程中的问题进行及时的发现和解决，需要发挥思想工作的优势，帮助大学生树立正确的就业观、人生观、道德观、价值观，只有这样高校才能处理好社会需要与个人就业意愿之间的矛盾。换句话说，要想对国家再就业政策进行深入执行，需要进行思想工作，只有做好思想工作才能做好高校大学生就业指导工作，因而，在我国大学生就业指导工作中的一个显著特点就是思想性。

（四）科学性与实用性

大学生就业指导工作的科学性指的是，一是根据社会实际预测就业形式，预测的时候要有客观的、科学的、可信服的依据；二是对于国家的就业政策和就业方针进行全面的、深入的理解与宣传，积极执行国家的就业指导方针，同时对毕业生就业、学校办学以及国家需求这三者的关系进行合理处理；三是就业指导的内容应该是完善的、丰富的，具有很强的针对性，在指导方法上具有灵活性，深受毕业生喜爱；四是正确地收集就业信息，同时筛选就业信息，保证就业信息的来源正确。

所谓的就业指导的实用性指的是就业指导工作具有针对性，主要是在学生在就业过程中遇到困难时给予帮助，帮助学生顺利就业。具体来说，在就业过程中帮助学生树立正确的择业观、就业观和竞争意识，对自身的盲目心理和攀比心理进行克服，要及时地为学生提供正确的就业信息、就业政策以及求职的技巧等帮助与服务，还需要帮助学生对当前社会中对于人才的需求进行了解和明确，以便更好地按照社会所需进行完善。就业指导的实用性是就业指导工作的出发点和落脚点，就业指导的实用性得以实现的前提和保证是就业指导的科学性。

（五）统一性与多样性

就业指导的统一性指的是高校对在校大学生实施的有计划、有组织的、具有科学性和系统性的就业指导教育实践活动。大学生就业指导的对象是大学生群体，所以，大学生的就业指导需要纳入统一的教育计划，对教材进行统一，进行统一的授课。这样是符合我国的教育方针和就业指导政策的，只有进行有计划、有组织的就业指导活动才能保证学生顺利完成就业，所谓的就业指导的多样性指的是在内容层面要丰富，在形式上要多样化。首先，在内容上不仅要包含对职业生涯的规划、对当前就业形式和政策的指导、对就业技巧的传授，还需要包含帮助学生树立正确的就业观、及时对学生进行就业心理指导。其次，在形式上具有多样化，这就要求在进行就业指导的时候不仅需要有针对个体的指导，还需要有针对群体的指导。每个学生个体都是不同的，有着不同的知识能力、心理素质、认知水平、择业观、就业观、职业期望，因此，就业指导需要在内容和形式上多样化，以满足学生的就业需求。

（六）延期性与跟踪性

对于贫困生这个特殊的群体，学校的就业指导不能局限在学校内，还应该在他们毕业离校步入社会后进行记录和追踪，对他们的情况进行反馈，并针对他们毕业后出现的就业问题进行有针对性的指导，帮助贫困群体更好地就业，实现脱贫。

第四节　高校贫困生就业指导的原则和意义

一、高校贫困生就业指导的原则

高校贫困大学生就业指导应该遵循以下几个基本原则。

（一）个性化原则

在针对大学生这个群体进行就业指导的基础上，提出了贫困大学生的个性化就业指导。该就业指导需要建立在对贫困学生的个性化就业需求的基础上来完成，对其潜在的能力进行挖掘，帮助该群体提高就业的能力，尽最大可能实现最优就业，促进个人职业生涯的个性化发展。贫困大学生个性化就业指导的理论基础是罗杰斯的人本主义，其核心是以人为本，其主要的目标是帮助学生提高就业能力，使学生顺利实现从学生到职业人的过渡，其内涵主要包含两个方面的内容：第一，对每一位的贫困大学生进行专门的一对一的职业指导；第二，对这个群体进行定期和集中的就业指导。在大学生个性化指导工作中的基本原则就是个性化的原则。

（二）全程化原则

全程化的原则主要是指，就业指导贯穿大学生整个的学习和就业生涯。高校在学生刚刚入学的时候就需要对学生开展成才教育和就业指导活动，主要途径是就业指导课、就业服务信息网、讲座、日常咨询、校园文化活动等等，以此帮助学生树立起正确的择业观、就业观、道德观、成才观，及时向学生传达就业政策和就业指导方针，向学生传授就业的相关技巧[①]。基于此，贫困大学生的就业指导也应该坚持全程化的原则，对于传统的"头痛医头，脚痛医脚"的片面化的、被动式的指导方式进行改革，使得专业教育与

---

① 胡桂香. 关于对全程化就业指导的思考 [EB/OL].（2009-12-22）[2013-10-10]http：//www.student.sdnu.edu.cn/jypg/news_view.asp？ newsid=191.

就业指导相结合，帮助贫困大学生端正自身的学习态度，明确自身的学习目的，最大程度上激发学生的学习积极性和主动性。同时，坚持全程化的原则还能进一步明确就业导向、市场导向的高校办学理念，对教育教学的改革起到推动作用，对传统的就业指导的缺憾进行弥补，还能兼顾个人和社会层面的成功——学生就业是个人层面上的成功，而毕业生在就业指导下获得职业成功，将个人的才能在社会上得到充分发挥，为社会的进步贡献力量，这就是社会层面的成功。

（三）针对性原则

贫困大学生个体存在或多或少的、潜在或者显性的就业指导需求，基于大学生的就业指导需求提出了针对性的就业指导原则。就业指导的针对性原则主要有以下几个方面：第一，从就业与指导的关系层面来看，所谓的针对性的指导主要是对贫困大学生在就业中遇到的问题进行有针对性的、及时的指导。第二，就指导内容来说，针对性指导的内容是就业中的引发贫困大学生就业困难的难点和关键点。所谓的关键点指的是通过指导方案实际破解贫困大学生就业困难，以此实现指导目标。第三，就指导层面来说，要立足于学生的发展进行针对性指导，使用可以体现思想方法与智慧的东西进行指导，防止出现指导水平低下和效益低下的局面和问题。

（四）主动性原则

主动是与被动相对的词，所谓的主动指的是事情按照自己的想法推进，形成有利的局面。所谓的就业指导主动性原则指的是按照规定和预设的目标，指导者进行就业指导活动，不受外力的影响，主要由指导者的需求动机、抱负理想和价值观等推动。在贫困大学生就业指导中，主动性原则是必要的原则，首先要不断提高就业指导的意识；其次不断提升就业指导的能力；最后不断提高就业指导的水平。这是具体的主动性原则所具有的三层含义。

（五）顺应性原则

在贫困大学生就业指导中应性原则是基本原则。所谓的顺应，指的是个体或者群体为了适应他人或者环境进行调整的过程。在高校大学生就业群体中，贫困大学生属于弱势群体。为了维护教育公平和正义，需要增加贫困大学生就业指导活动，为贫困大学生就业指点迷津，这也是构建和谐校园的重要举措。面对贫困大学生就业不乐观的情况，高校应该承担起相应的责任，秉持顺应性原则，从宏观角度出发，顺应国家和社会客观需要，对贫困大学生就业指导模式进行积极的探索，积极开展相关的工作。

（六）发展性原则

人类社会的永恒主题就是发展。当今社会是不断变化和发展的社会，每个人都处于不断变化和发展的生活和工作之中。贫困大学生就业指导的原则中，发展性原则是关键原则。发展性的原则指的是在对贫困大学生就业指导的时候，不仅需要综合考虑学生个体的未来发展，还需要从宏观上考虑社会的发展；不仅要考虑当下的发展，还要对长远的发展进行考虑。

二、高校贫困生就业指导的意义

（一）有利于促进高校持续科学发展

高等教育的内容中包含高校大学生的就业指导活动和服务，高校大学生的就业指导不仅是高校自身发展的需要，同时也是体现社会公平的重要举措。在《关于进一步深化教育改革，促进高校毕业生就业工作的若干意见》中教育部有明确的规定，高校毕业生就业状况不仅需要和高校招生规模进行挂钩，还需要与高校的专业设置挂钩，同时本科教学工作水平评估也与就业状况挂钩。高校是孕育人才的摇篮，对于高校的毕业生是否可以适应社会的发展需要，是否适应用人单位的需求，是否用知识回报社会，是否在岗位创造业绩实现个人发展，这些都需要接受社会的测评和检验，这也有利于高校改进自身的就业指导工作和持续科学发展。从个人角度来说，高校的毕业生就业率和就业质量会影响到学生的自身利益，从学校角度来说会影响着学校之后的招生质量和水平，影响学生的社会声誉，也关乎政府对学校的未来发展的支持力度。学校的就业情况好，有着较高的就业率，在社会上就会有较好的声誉，学生报考的人数就会增多，人数的增多伴随着质量的上升，这对于学校来说有利于学生培养，很容易培养出素质高、适应能力强、专业水平高的学生，以此来推动就业质量的提升，这样就形成了良性的循环，这对于学校的长期发展来说是至关重要的。作为联系学校和社会的桥梁——高校贫困生就业指导，可以使学校对社会中的人才需求进行及时、快速的了解，对社会中对于学生素质的要求进行掌握和更新，不断调整和优化人才培养的方案，调整课程的设置和专业结构，在此基础上不断提高高校的教育质量和水平，形成按需培养、优胜劣汰的培养机制。

（二）有利于破解贫困大学生就业困难局面

在进入大学后很多贫困大学生很容易受到周围环境的影响，也易受到不良的影响导致没有前进的方向和努力的动力。贫困大学生对于自己努力的方向和就业的方向很迷茫。贫困大学生在面对当前严重的就业形式的情况下，对于自己的未来非常迷茫，很多人不顾自己的特长和专业是否与专业对口，一心只想在大城市找一份工作，宁愿在大城市"漂"着也不愿去其他与自己专业相适应的地方就业，这样就造成了就业困境。既然"就业指导能有效帮助大学生树立起正确的就业观、掌握更多求职择业技巧和方法、正确认识和评价自我、提高职业素养和就业能力"[1]。因此，针对贫困大学生群体的就业指导就需要让该群体明确自身的未来职业发展方向，明确国家的就业指导方针和政策，帮助该群体树立正确的择业观、就业观，引导他们投入到更需要人才的中小企业和西部地区、欠发达地区、基层去就业，这有利于缓解和解决贫困大学生的就业困境。

---

[1] 张清林. 论高校毕业生就业指导服务体系建设 [D]. 大连：大连理工大学，2008.

（三）有利于促进教育公平

从地域上看，贫困大学生多来源于中西部欠发达地区家庭，特别是中西部老革命根据地、内陆边疆、少数民族地区、农牧地区、偏远山区家庭；从城乡二元结构看，贫困大学生多来源于农村地区贫困家庭。当然，城镇下岗失业、低保、单亲、天灾人祸家庭也是贫困大学生重要来源。大多数贫困大学生受限于家庭的经济能力、教育资源以及教育能力，没有受到系统的家庭教育和相关的课程的培训经历，比如美术、音乐、舞蹈、书法、外语等课程，加上他们缺乏去更高水平学校进行学习的机会，导致这个群体的知识水平相对来说较低，没有突出的特长、没有广阔的视野、没有鲜明的个性特点，与人交往和沟通的能力较为匮乏，没有很高的人文素养。贫困大学生是高校大学生中的弱势群体，强化就业指导，给予更多关爱，有利于促进教育机会均等，有利于促进教育公平。

（四）有利于中华民族优秀品质的继承与发展

一般来说，贫困大学生从小生活比较困苦，受尽了生活的磨炼，因此具有优秀的品质，不仅在学习上非常刻苦努力，而且在思想上较为上进；不仅在作风上为人低调、正直，而且在性格上平易近人，待人和善；不仅在道德上有较强的责任感和职业道德，有着较强的奉献精神和敬业精神，而且在工作上服从性强，兢兢业业，坚持原则，吃苦耐劳。在这个群体身上可以充分看到长期以来中华民族形成的优良品质。通过对贫困大学生就业指导的加强，可以强化贫困大学生这个群体身上所具有的优良品质，让学生保持这种品质，使得这些优秀的品质得以继承和发扬。

（五）有助于中华民族伟大复兴这一"中国梦"的早日实现

大学生是祖国的未来、民族的希望，而贫困大学生是顺利实现中华民族伟大复兴这一"中国梦"的最为可靠的后备力量之一。但现实中我们发现，很多贫困大学生在求职过程中因为四处碰壁而容易变得自卑、焦虑和紧张，有些学生对学习失去兴趣、对生活丧失信心、对社会失去信心、对同学失去信任，少部分甚至还出现"轻生""暴力"等极为严重的心理健康问题。这些情况的出现是我们不愿意看到的，也是我们大学生思想政治教育所高度关注的。加强贫困大学生就业指导，可以有效缓解其心理压力，促进其心理健康，提高其综合能力，打造出一大批高素质的社会主义建设者和接班人，从而有助于中华民族伟大复兴这一"中国梦"的早日实现。

第五节　高校贫困生就业指导的行动方案

一、主动提供就业指导

意识对于主体来说，具有调节作用和能动性。因此，对于高校来说，主动提供就业指导是贫困大学生就业指导顺利开展的基础。高校只有主动提供就业指导，才能更加积极主动地去解决贫困大学生的就业问题，为社会提供更多优质的高素质的人才，满足社会发展的需求，更好地服务于经济建设。高校应该积极发挥意识的调节作用和能动性。第一，解放思想，更新观念。对于以往用思想政治工作来代替就业指导服务的观念和思想进行突破。第二，对"中国梦"的理论进行深入学习和践行，在"中国梦"理论的指引下，对贫困大学生提供就业指导。高校应该明确就业指导与服务是高校的责任和义务，是不可推卸的，对于贫困大学生这一特殊群体要保持时刻关注的态度。

二、建立贫困大学生就业信息资源库

贫困大学生的就业指导活动非常的复杂，是一个系统的过程，为了对贫困大学生的详细情况进行了解，需要建立和完善贫困大学生就业信息资源库，资源库的建立有利于提高就业工作和服务的效率。在学生刚刚入学的时候，应该了解和掌握这一届的贫困大学生的具体人数和详细情况，收集学生

的相关信息，建立和完善信息库。首先，在就业信息库中应该包含贫困生的基本信息，比如大学生姓名、民族、性别、年龄、政治面貌、专业、班级、学号、联系电话、家庭地址、照片等等。只有这样才能对贫困生学生这个群体有一个整体的、基本的了解，也可以迅速联系到学生，及时进行就业指导。其次，在资源库中还要有学生的学业信息，比如学生的专业是什么、学生的特长、学生的学习成绩的好坏、学生的语言能力、学生的奖惩情况等等。以上这些信息，用人单位也非常关注。最后，资源库中还应该包含学生的个人生活的信息，比如学生的个性特点、学生的性格品质、学生的家庭贫困情况、学生的就业意向和职业意愿。

三、主动打造高水平就业指导教师队伍

为了更好地开展贫困大学生就业指导工作，打造高水平的就业指导师资队伍是重要的前提条件。在当前的高校中，尽管建立了相应的毕业生就业指导工作机构，并且有专职人员负责相关的就业事宜，但是现实中机构的负责人员需要负责很多的事务，导致没有时间和精力针对贫困大学生这个特殊的群体展开针对性的就业指导工作。当前高校的就业指导教师的专业理论知识并不完备，也没有充足的实践经验，高校也没有为其提供专业性、定期性的业务培训。在高校中基本上是辅导员担任就业指导工作，辅导员还需要负责其他学生管理工作，精力匮乏，没有充足的实践经验，没有完备的专业理论知识体系，这就导致高校的就业指导教师队伍不够完善，不能为贫困大学生提供专业性、个性化、针对性的就业指导服务。因此，高校应该重视这个问题，建设一支高水平的就业指导教师队伍，满足当前学生的就业指导需求，提高为贫困大学生就业指导的能力和水平，推动高校就业指导服务更好地发展。

四、主动建设立体化就业指导平台

贫困大学生就业指导工作实施的关键在于建立立体化就业指导平台。第

一，根据实际情况，有针对性地编写就业指导的相关教材和内容，当下的很多高校就业指导教材都缺乏实用性和指导性，尤其对于贫困大学生就业指导更是如此。第二，高校应该设置专门的就业指导咨询室，贫困大学生可以在咨询室中与就业指导老师进行一对一的指导，更好地实现就业。第三，建立专门的就业 QQ 群和微信群等，利用网络及时了解大学生尤其是贫困大学生的就业困难。第四，举办勤工助学系列活动，建立校企合作的就业教育实习基地，通过定期的参观与实习让贫困大学生在实践中提升自身的就业能力和专业水平。

五、主动深入开展全方位就业指导工作

（一）就业认知指导方面

第一，要对贫困大学生对贫困的看法进行引导，引导他们正确认识贫困。要使贫困大学生认识到贫困只是暂时性的，是可以改变的。贫困并非耻辱缺陷。贫困大学生应该意识到只要努力就可以摆脱贫困，找到理想的工作，改变自身的命运。第二，要使贫困大学生对自我有正确的认识。只有对自我有了清晰和明确的认识，才能对未来的职业规划有明确的计划，进行科学的规划和判断，在不断变化的社会中追求自己的人生，顺势而为。第三，要使贫困大学生明确当前的就业形式，只有对当前的就业形势的严峻性有清晰的认识，才能更好地进行择业，理性就业，在面对就业困境和挫折的时候也能够重整旗鼓，保持平和的心态积极就业。第四，针对就业竞争，要让贫困大学生有正确的认识。要让贫困大学生明白，依靠家庭社会关系实现就业的只是少数，对于大部分人来说还是需要自己努力。就业竞争主要是在知识层面、能力层面和综合素质层面的竞争，因此，对于贫困大学生来说要保持好心态，不能消极不作为，甚至随波逐流，使学业荒废。

（二）就业知识指导方面

知识是用人单位最为关注的部分。贫困大学生受限于经济的压力，为了谋取生活费和学费，会在大学的时候花费很多的时间和精力去进行勤工俭学，这就导致贫困大学生的课外学习时间变得越来越少，甚至会影响学习的效率，导致知识的更新速度较为缓慢，久而久之就会导致在就业政策知识方面、专业知识方面、社会生活知识层面以及人文科学知识层面相对其他学生来说较为薄弱。高校应该重视这方面的问题，及时给予学生知道。首先，要让贫困大学生在课上认真汲取知识，专心学习，对于专业理论知识和文化素养知识内化于心。其次，要鼓励贫困大学生通过日常的空余时间来进行自我的学习和提升，通过广泛的学习和阅读来提升自己的眼界，来丰富自身的社会生活知识和人文科学知识，不断提高自身的水平和能力。最后，引导贫困大学生参与就业相关的专家讲座，并且让学生了解当前的就业形式、就业政策以及就业信息，掌握求职的技巧面试技巧，学会求职材料的制作，在学习期间可以选修一些可以提升自身就业技能的课程。

（三）就业能力指导方面

所谓的能力，指的是人们通过自身的知识储备和实践经验对事物的认识和解决问题的本领，是知识的运用和活化的过程。毕业生获得工作的最根本的条件就是自身所具有的就业能力。很多的贫困大学生受限于自身家庭教育，缺乏相关的课外培训的实践精力，在音乐、体育、美术、舞蹈、书法以及外语上并不突出，没有形成自身鲜明的特性，没有开阔的视野和系统性的学习，在与人沟通和交流方面能力较差，人文素质较差。除此之外，贫困大学生因为家庭的因素，导致性格内向、孤僻、胆小，不擅长与人交流和沟通，不喜欢改变，不喜欢参加集体活动，这些都是贫困大学生在就业过程中遭遇困境的重要原因。

针对以上出现的问题，高校可以从以下几个方面入手来进行解决：第一，积极引导贫困大学生参与到班级活动和社团活动之中，在参加集体活动中锻炼自己的与人交际能力和水平，也可以锻炼自己的组织管理能力。第二，引导贫困大学生积极参与学校和社会举办的各种社会实践活动，可以在寒暑假的时间参与社会实践活动，将在校所学的理论知识运用到社会实践之中，将理论与实践相结合，将理论内化于心、外化于行，不断提高自身的实际操作能力和水平，增强自身的创新能力。第三，学校应该为在校大学生开设多种技能培训活动，比如普通话培训、计算机培训、外语培训、驾驶培训等，让贫困大学生在课余时间不断充实自己，提高自身的就业竞争能力。第四，针对贫困大学生的勤工俭学活动要积极地举行，让学生在实践中提升自身的就业竞争力，培养职业素养和职业道德。

（四）就业心理指导方面

当前的就业形势非常严峻，尚未毕业步入社会的贫困大学生不可避免地会产生不良心理。在就业求职的时候往往倾向于大中城市收入较高、福利待遇较好的岗位，对于偏远地区以及低收入的单位并不热衷，但是面对大中城市就业岗位激烈的竞争，很多贫困大学生会产生畏惧的心理，缺乏竞争意识和自信心，这就导致在就业求职的时候出现一些心理问题，比如，紧张、畏缩、胆小等，在面试的时候会出现答非所问、面红耳赤等情况，造成求职失败。面对求职失败，贫困大学生很容易产生挫败感，产生焦急、自卑、气馁等心理，进而出现一些不良的心理反应，如丧失信心、沮丧失意、情绪低落、不思进取、意志麻木等。高校在面对学生出现这些心理问题和就业挫折的时候，应该采取以下措施：第一，让贫困大学生进行系统的、专业的心理知识的学习，明白心理活动的规律，通过建立心理选修学科、定期举办心理讲座等让学生对自己的不良心理进行明确，积极寻找解决心理问题的途径和方法，解决当前的心理困境。第二，对贫困大学生群体开展面对面、一对一的心理辅导，以此来解决部分学生的不合群、性格孤僻的问题，同时也可以借助网络来对贫困大学生进行专业化、针对性、个性化的心理辅导，为贫困大学生解惑，帮助贫困大学生走出当前的心理困境，养成健康的、积极的、乐观的心理品质。详细来说，就是要帮助贫困大学生克服自负、自卑、焦虑、胆怯、怯懦、不满、嫉妒、依赖的心理，让他们在面对就业失败的时候依旧可以鼓起勇气追求梦想，要保持自信，敢于面对挫折和困难，同时面对基层就业、自主创业、先就业再择业、失业等问题时可以积极乐观地面对，及时地调整自己的心态和行为。贫困大学生只有在就业之前做好上述的心理准备，才能在就业和择业的过程之中淡定自若、从容面对，最终实现自己的就业意愿。

（五）职业精神指导

职业精神一直伴随着人的职业活动，是在工作之中一个人的职业理想、职业道德、职业态度、职业技能、职业作风以及职业态度的综合性体现。职业精神的形成建立在一定的职业实践基础之上，是对一个人职业生活的能动反映，与所从事的职业具有相当密切的联系，具有职业的特殊性，同时体现了个人的职业素养。职业精神反映着职业根本利益、职业行为、职业责任上的精神要求。职业精神所具有的特性主要有八个因素：一是职业理想，二是职业态度，三是职业责任，四是职业技能，五是职业纪律，六是职业良心，七是职业信誉，八是职业作风。这八个因素从不同的方面反映了社会主义职业精神所特有的本质，在相互配合中形成严谨的、科学的职业精神模式，要实现人的可持续发展就需要加大对学生职业精神的培养力度，这也可以助力企业发展和社会的长远发展与进步[1]。当前的大学生群体缺乏职业精神，没有诚信意识，在就业取向方面存在功利化的倾向，眼高手低，没有吃苦耐劳的精神和艰苦朴素的面貌，同时也缺乏爱岗敬业的精神，缺乏敢于拼搏敢于奋斗的精神，缺乏创新创业精神，缺乏团结协作和互帮互助的精神。基于以上情况，高校在对贫困大学生职业精神进行指导的时候，需要从以下方面入手：一是要以科学发展观为指导，不断更新思想和知识体系；二是要加强人生观、价值观教育，坚持自我价值与社会价值的统一；三是要理性进行生涯

---

① 陆媛. 当代大学生职业精神的培养与塑造 [J]. 继续教育研究，2011（12）：155-157.

规划教育；四是要将大学生职业精神的培养融入课堂教学中；五是要通过社会实践活动，培养大学生的职业精神。

六、有针对性地对贫困大学生开展就业实训

受限于家庭成长环境以及成才经历的影响，部分贫困大学生性格内向，人际交往困难，很少参与社会活动，因此在就业的过程中很容易出现恐惧、紧张的心理，不擅长向用人单位推荐自己，不能很好地表达自己的优势和特长，造成就业困境。面对这样的情况，高校应该采取积极的措施，帮助贫困大学生展开针对性的就业实践训练活动，帮助贫困大学生消除不良的心理。具体来说，学校可以让贫困大学生作为志愿者，在招聘活动中学习就业技巧，提前感知真实的求职过程，为将来的求职打下基础。通过参加招聘活动，可以真实体验求职就业，消除了就业求职的恐惧心理，为将来的求职就业做好准备。学校可以组织贫困大学生参与社会实践活动，比如前往用人单位参与社会实践活动，或者定期组织用人单位到学校为学生开展交流和沟通活动。在用人单位和毕业生之间的互动中，增进彼此的了解，使贫困大学生逐渐适应与用人单位的交流，为之后的就业求职打下基础。

第七章 高校贫困生就业帮扶深入分析

高校贫困生就业问题已成为高校毕业生就业工作中的难点问题，并日益受到社会各界的广泛关注。本章主要内容为高校贫困生就业帮扶深入分析，介绍了高校贫困生就业援助的必要性、高校贫困生就业扶助体系的构建、促进高校贫困生就业公平的政策选择。

第一节　高校贫困生就业援助的必要性

就业援助主要指的是以就业服务机构为主的相关部门通过实行和落实个性化就业扶持政策来使特定的扶持对象实现就业，在此基础上增加家庭的劳动收入，实现脱贫。在就业援助中，占主导地位的是政府，政府通过调节劳动力市场的失灵现象，帮助就业弱势群体实现就业，通过对劳动力市场的干预来实现就业援助，帮助贫困弱势群体脱贫。

一、对贫困大学生进行就业援助关系社会民生

在我国，贫困大学生属于就业群体中的弱势群体，为贫困大学生提供就业援助是我国政府和教育管理者不可推卸的责任。在我国政府和教育管理者的眼中，贫困大学生的就业援助是一项涉及民生的工程，是一项可以体现社会公平和正义的工程。贫困大学生的顺利就业，一方面可以解决自身的生存和发展的问题；另一方面也可以缓解家庭的困境，帮助家庭脱贫。从更加宏观和长远的角度开看，这关乎国家未来的长远发展和社会的和谐稳定，因此，从这一层意义上来看，贫困大学生的就业工作是一项与国计民生有关的

事情。社会经济发展不平衡以及贫富差距在校园中的表现就是贫困学生的出现和存在。在每一位贫困大学生背后都有一个困难的家庭，因此，对贫困大学生进行援助就是在解决国计民生问题。

二、就业援助是做好大学生思想政治教育的重要组成

《中国贫困生调查》在 2006 年 7 月份由中国青少年发展基金会发布，这标志着"奖、贷、助、勤、免、减"多元化的贫困生资助体系在我国各个高校已经形成，资助体系中的主体资助——国家助学贷款也获得了非常快的发展。与此同时，各大高校还根据自身的情况和办学特殊性，对具体的解决措施进行了制订，比如，在困难学生入学的时候可以开通"绿色通道"，在校生可以进行勤工俭学、可以申请获得国家助学金。尽管如此，高校还是没有相应的具有针对性的就业援助和就业辅导。贫困学生通过大学改变当前境遇的目的性非常强烈，高校要通过就业援助帮助他们达到目的。

为了对大学生思想政治教育工作进行加强，需要将思想上的问题与实际问题相结合进行，让学生在解决实际问题的过程中不断提高自身的思想境界。最近一些年，贫困大学生在思想上和实际中的问题不断增多，显示出日益突出的矛盾。由于社会经济发展的不平衡，在社会上存在着区域差异和城乡差异，这就导致很多贫困家庭和低收入家庭的大学生遇到了经济上的困难，大学生的成长受到了限制，进而导致了思想问题的产生。

在高校，主要与贫困学生群体有密切接触、对贫困生直接了解的是辅导员，但是对于大部分辅导员来说，需要同时处理一二百名学生的学生工作，甚至会有更多学生的管理工作，加之受到客观条件的影响，这就导致辅导员很难会对每一位学生都有细致的观察和关注。在当前的高校中，大学生的上课、实践活动时间等并不是有规律的，这就导致辅导员可能不能每天见到自己的学生，鉴于这种情况，辅导员可以让班干部和宿舍管理员来了解贫困大学生的情况。为了对贫困大学生有更加细致和深入的了解，辅导员可以建立

贫困学生的心理与成长档案，并且要经常性地找学生了解他们的心理动态，及时了解贫困生遇到的困难。只有这样辅导员才能有针对性地开展就业指导和就业援助活动。值得注意的是，辅导员对贫困生的帮助工作的前提是保护贫困生的自尊心和隐私。

对贫困生的就业援助不仅需要对学生的生活困难进行解决，还需要解决贫困生的心理问题，并且这个过程是持续性的，是一帮到底的，不是仅仅到毕业就截止了。

三、就业援助有利于贫困生成长成才和身心发展

（一）关注贫困大学生的心理问题

由于经济的压力和成长环境的影响，贫困大学生在进入大学以后，在日常的学习和生活中非常容易出现心理问题。在大学期间，贫困大学生会进行频繁的兼职，这就导致他们没有很多的时间与同学相处，没有办法获得心理上的共鸣和安慰，很容易出现不愿与人沟通、自卑、焦虑、自我封闭等心理问题。基于这些问题，高校除了要在经济上给予物质帮助之外，更需要关心贫困生的心理健康和心理问题。

（二）重视贫困生的校园参与

大部分的贫困生由于自身成长环境和家庭经济因素的影响，较为内向，不善于表达自我，喜欢自己独自一个人活动，不喜欢参加集体活动。但是用人单位非常喜欢活泼、具有朝气的年轻人，最好是擅长与人交际、善于沟通的人才，因此，贫困生很容易遇到就业困境，造成就业失败的后果。各个高校都有自己独有的校园文化，会举办各具特色的校园活动，这些活动是学生进行素质拓展的重要平台，学校为贫困生展示自己的才能、提高自己的能力提供了各种机会和平台。尽管初衷非常好，但是由于场地有限、活动覆盖面较窄，所以贫困学生鲜有参加的机会。而且这些学生活动的参与者和组织者

都是敢于表现自我的、具有鲜明个性的学生但是贫困生因为时间和经济原因没有参加过"兴趣班",没有进行过专业的特殊的训练,所以贫困生基本上没有什么特长,不愿意参加这类活动,或者考虑到经济的因素拒绝此类活动。久而久之贫困学生的性格和心理发展就会陷入恶性循环,他们越来越不愿意表达自我,不愿意参与集体活动,不愿意发展人际关系,最终也很难顺利走上就业岗位。

第二节　高校贫困生就业扶助体系的构建

现行的大学生资助制度有利于帮助贫困生顺利完成学业,但是受限于机制的不完善,在资助制度实施的过程中出现了很多亟须解决的问题。从就业角度来说,大学生资助制度并没有形成完整的、完善的就业帮扶制度和体系。为毕业生提供就业帮扶不仅是学校应尽的责任,更是一项关乎国计民生的系统工程,这也是社会公平在高校的具体体现。

一、以分担就业成本为起点

就业成本,是指高校毕业生在求职就业过程中所产生的费用,从构成来看,其中一部分是必需型消费,另一部分是发展型消费。首先,所谓的必需型消费支出主要指的是市场就业所必需的基本要求和基本条件,例如,制作简历、拍摄证件照、包含上网和电话在内的通信费用、包含本地出行和长途出行的交通费用等,如果这些没有支出,那么就无法实现学生和用人单位双向选择的过程。其次,发展型消费支出主要指的是以下方面的内容:异地应聘的住宿、报考相关的技能证书、参加相关的培训活动、购买工作所需的服装、美容包装等行为所产生的费用,这些消费可以提升自身的能力和形象。在当前,越来越多的用人单位将职业形象和职业技能纳入录用人标准,因此发展型消费也出现了逐渐增长的趋势。

市场就业必然会产生就业成本，这也是交易成本的一种，是教育成本的重要组成部分。在计划经济时代，大学生毕业之后的工作都是由国家进行统一分配的，这阶段就没有就业成本的问题。进入市场化就业时期后，在"双向选择"过程中，就业成了完全的买方市场，虽然毕业生有权选择用人单位，但更多的还是用人单位选择毕业生。为了能够顺利就业，毕业生需要递送大量的求职材料，参加本地和异地的多个招聘会，对用人的单位的用人信息进行了解，在能力、气质、知识、形象等方面要满足用人单位的需求，加上当前招聘环节不断复杂，需要进行多次笔试、面试导致就业成本不断增加。

贫困生由于经济因素，在就业成本的负担能力上相对有限，当面对一些相对较大的就业支付费用时，难免会产生畏难情绪。实际上，在市场就业环境下，能否支付就业成本在特定的情景下决定着求职的成功与否，这也是很多贫困生在就业竞争中败北，失去就业机会的原因。基于以上问题的考量，大学生资助制度建设工作考虑到贫困生的求职贫困资助问题，制定相关的政策，只有这样才能为贫困生提供公平的就业机会。

二、以提升就业能力为主旨

贫困生就业扶助是一项系统性的、立体的工程，包含为了促进贫困生顺利就业的财政资金支持机制和政府工作机制等，不仅要"授人以鱼"还要"授人以渔"。为了解决贫困生当前的困难和燃眉之急，为贫困毕业生提供一定的经济援助是必要的，可以让毕业生克服就业过程中的经济困难，顺利就业。但要长期、有效解决贫困生的就业问题，就需要从根部入手，不断提高贫困毕业生的就业能力和技能水平。对于贫困生这样的就业困难群体，进行以就业能力提升为主要内容的就业扶助尤为必要。就业能力的提升是贫困生开启就业大门的一把钥匙。

大学生的就业能力主要包含四个方面：一是个性特征，主要有敬业精神、责任心、成就动机等内容；二是基础能力，包含书面表达的能力、口头表达的能力、团队合作的能力、终身学习的能力等内容；三是职业能力，主要包含解决问题的能力、随机应变的能力、执行的能力、创新的能力等；四是通用技能，主要包含计算机应用能力、英语相关能力等。大学生就业是综合能力的竞争，实践证明，在当今大学生就业过程中就业能力的作用不断凸显，甚至影响着大学生就业的结果。

导致贫困生就业困难的因素很多，从个人角度看，就业能力的匮乏是重要原因。受限于成长环境和家庭经济因素，贫困大学生在大学之前一直在专心读书，致力于通过知识来改变自身的命运、改善家庭的情况，这就导致贫困大学生会将全部的精力放在学习上，没有能力和时间去提升自己的其他能力，无法使综合能力和素质得到提升，导致自身的知识面非常窄。在进入大学之后，受到经济因素的影响和长期以来的环境影响，贫困生在主观上并不愿意参与社会集体活动，计算机和英语方面的能力较差，在人际交往和团队合作方面也有所欠缺。就业能力的薄弱使贫困生在就业竞争中处于劣势地位。帮助贫困生提升就业能力，是贫困生就业扶助工作中的新课题。

三、就业扶助体系的构建分析

针对贫困生在就业过程中遇到的就业能力差和经济困难问题，高校应当实施就业扶助。就业扶助主要有两个方面：一是就业资助，这是贫困毕业生顺利走上就业道路的基本前提；二是就业援助，主要是帮助贫困学生提升自身的就业能力和专业水平，更好地实现就业，这是促进公平就业的重要保证。

（一）就业扶助的内容

当前高校的学生资助制度的主要作用就是保证贫困学生顺利完成学业任务。现行的各项资助措施从广义的角度来说，都是为了促进贫困生就业而实行的举措。现行的就业资助主要分为两类：一是直接就业资助，二是间接就业资助。资助措施"奖、助、贷、减"的功能非常明确，主要解决了贫困生在求学过程中的生活费、学费、住宿费等基本的费用问题，因此这四项措施属于间接就业资助。资助措施"补"是一种辅助性的措施，主要目的在于帮助贫困生解决生活中遇到的一些突发性的情况和困难。教育部在《关于做好2014年全国普通高等学校毕业生就业工作的通知》中指出："要配合有关部门尽早将低保家庭毕业生求职补贴发放到毕业生手中，有条件的地方要提高补贴标准、扩大受益范围。"因此，我们可以认为求职补贴是直接就业资助。

在经过多年的探索、研究、实践、完善工作之后，主要针对高校贫困生开展的就业援助工作已经基本上形成了较为完善的系统，就业援助工作主要可以分为三类：一是岗位援助，主要的形式是为学生提供免费的就业信息，为学生推荐相关的岗位，在校内举办大型的公益性双选会，为毕业生就业提供援助；二是培训援助，针对贫困生就业提供免费的职业技能培训，不仅包括业务技能的培训，还包括求职能力的培训和提升；三是就业指导服务援助，通过各种方式帮助贫困生树立正确的就业观和择业观，调整自己的就业期望值，调节就业心理，帮助贫困毕业生解决在就业过程中遇到的问题和困难。在贫困生就业过程中，不管是岗位援助、培训援助还是就业指导服务援助都发挥了自身的重要效能，对促进贫困大学生就业有着重要的推动作用。

（二）就业扶助的原则

1. 公平原则

在实施就业扶助政策的过程中，就业公平是重要的基础和前提条件。众所周知，就业不仅仅是单纯的经济现象，同时还是一种社会现象。对参与就业竞争的个体而言，每一个个体都是不同的，在就业能力上存在着巨大的差异，因此造就了不同的就业竞争结果。就业是一种社会现象，主要是因为，人只有在就业中才能保证基本的生存和发展，只有在就业中才能找到自身的价值。要保证每一个个体这样的生存和发展就需要对个体之间存在的天然的就业能力差异进行综合考虑，同时还需要对后天形成的、因为资源分配不均出现的就业起点差异进行考量，基于以上这些情况，只有进行就业帮扶才能逐步缩小以上的差距，实现就业公平。

2. 平等原则

就业歧视是与就业平等相对立的现象。所谓的就业歧视就是指用人单位考虑肤色、种族、政治见解、宗教、户籍、民族、年龄、性别、社会出身、身体健康状况、语言等因素，对部分群体采取优待政策或者是采取排斥政策的、违反平等权的用人方式，是对劳动者劳动权力的侵害。就当前我国的劳动力市场而言，用人单位处于优势地位。社会中劳动力的供给过剩，这就导致在进行双向选择的时候，用人单位处于主动的、强势的地位，掌握主动权，因此，在双向选择中频频出现与就业平等原则相违背的就业歧视行为，扰乱了正常的就业秩序和规范的就业环境。为了避免就业歧视现象的出现，就业帮扶应运而生，给予就业歧视者帮助和支持，维护正常的就业环境和就业秩序。

（三）政府的责任与角色

1. 政府是就业扶助政策的制定者

根据经济学的原理，市场只是对资源进行有效配置的手段，是可以体现效率原则的手段；政府作为"有形的手"的主要任务是弥补市场中的不足，主要是一种体现公平原则的手段。在计划经济时期，大学生的就业由政府进行统一分配，政府是知识人力资源配置的主体力量，按照计划模式对大学生就业进行合理的配置。在改革开放以后，随着社会不断发展变化，就业制度也在进行改革，在大学生就业过程中，市场主要起到基础性的作用，在这一阶段，社会中开始出现了由于阶层差别原因、城乡差别原因、家庭经济情况差别原因造成的毕业生竞争能力差距。为了保证大学毕业生的就业公平，保证合理的资源配置，政府需要在资源配置中弥补市场机制对贫困毕业生不利的不足。因而，政府应该积极地推进就业政策改革，在充分发挥市场在资源配置中的基础性作用的前提下，发挥政府在资源配置中的主导作用，保证就业公平；政府应该制定相应的公共政策，从宏观上加强对就业的管理，保证让大学生实现充分就业，找到自己满意的岗位，实现人生的价值。

2. 政府是就业扶助成本的分担者

就业扶助是社会投资的一种，作为社会支出，主要面向的是个体，值得一提的是就业扶助还能带给个人和社会一定的收益，其中主要的受益者就是政府。为了实施就业扶助政策，政府不断投入公共资金保证就业稳定，不仅包括面向贫困学生个人的扶助，还包括公用部分费用等经费支出。对个体扶助主要是通过开展就业资助和就业援助来实现。除此之外，政府对于贫困毕业生的就业扶助成本的分担并非直接为贫困毕业生提供就业培训、指导就业服务等就业扶助，而是通过专业机构以财政支付的方式对受助者提供就业扶助。

（四）现行的大学生就业扶助措施

就当前高校而言，就业扶助面向毕业生开展的主要措施包含以下几个方面。

（1）贫困毕业生在报考各级机关公务员、应聘事业单位工作人员的时候，免收报名费和体检费。

（2）为了保证贫困家庭的毕业生可以顺利就业，一般来说，各省、市和高校会发放求职补助给贫困家庭的毕业生。

（3）对于尚未就业的高校毕业生，回到原户籍所在地报到可以享受当地政府部门，如高校毕业生就业指导服务机构、人才交流服务机构、公共就业服务机构等提供的就业指导服务，就业指导服务主要包含就业政策法规的相关咨询服务，职业培训信息提供服务，职业岗位供求信息提供服务，职业指导和职业介绍服务，求职登记、失业登记服务等。

（4）未就业高校毕业生可参加当地人力资源和社会保障部门组织的就业见习。

（5）在创业方面，贫困毕业生可以享受国家提供的贴息支持、培训的相关补贴、小额担保贷款、免费提供的创业服务以及免收有关行政事业性收费等创业优惠政策。

（五）亟待完善的大学生就业扶助功能

在我国经济转型期，在社会整体就业形势非常严峻的情况下出现了一种社会现象，就是大学生的就业难问题。大学生的就业难问题会随着经济的不断发展得到解决。与其他就业困难群体的就业扶助相比，大学生的就业扶助也有共通之处，例如，举办专场的招聘会、免费开展就业推荐活动、进行公益性的岗位安置。贫困大学生受过专业的高等教育，因此贫困毕业生的知识结构以及就业的意愿会对就业问题产生至关重要的影响。这就要求政府与高校在对大学生进行就业扶助的过程中制定和完善相关的扶助措施，保证就业扶助功能的完善，及时发现就业困难的贫困生，积极解决他们在就业过程中存在的困难，进行动态的管理，以完善扶助机制，保证大学生顺利就业。

1. 完善公共服务

因为市场存在失灵和不足，为了保证就业市场的正常秩序，就需要政府对就业市场进行干预，这也是一种必要的措施。贫困大学生由于就业能力匮乏，很难在就业竞争中取得有利的地位，这就需要政府采取有效的就业帮扶措施来保证贫困毕业生顺利就业。第一，建立和完善就业指导与培训支持系统，衡量和评价就业扶助效果的标准应该是促进就业的效果、培训质量的好坏。培训的内容不仅包含专业技能和专业基础知识等智力技能，还包含与人沟通和交流的能力、表达合作的能力等在内的情商能力，使贫困生的软实力得到提升。第二，鼓励用人单位接纳更多的贫困毕业生，通过一系列的措施鼓励企业扩大生产，增加劳动力需求。

2. 加强法律保障

就业扶助中的一项重要内容就是维护和保障就业者的就业权利。对此，政府应该加强法制建设，保护贫困生的合法就业权益。第一，为了促进就业公平，不断完善相关的法律法规的细则，切实保障贫困生的社会保障权以及就业权，保证在规则层面和竞争机会层面做到公平公正。第二，对贫困生实施法律援助的力度要加强，当贫困生的合法就业权遭到侵害的时候，政府要及时给予法律援助。第三，对三方劳动关系协调机制进行健全和完善，三方即雇主、基层工会、政府主管部门，政府要对贫困生的最低工资、参加社会保险、签订劳动合同等方面的合法权益进行保障，对贫困生在工资、工伤以及赔偿问题上的纠纷进行协调和排解。

第三节　促进高校贫困生就业公平的政策选择

一、社会公平理论

新公共行政学理论的主要代表人物是弗雷德里克森，在新公共行政学理论中，公共行政的核心价值观就是社会公平，只有通过行政改革才能实现社会公平和正义，因此行政的管理者应该自觉承担起社会责任，不断完善管理成效，以促进社会公平。当然，社会公平的实现不仅仅需要确定改革的目标和改革的方向，还需要对社会中不断出现的新情况和新问题进行解决，积极寻找可以适应不断发展的社会的政治组织形式，并使之逐渐制度化、体系化。对于公共行政来说，一方面要对法律赋予的管理职能进行有效的行使；另一方面还需要制定和执行有关民生的政策，通过制度建设、理论应用实践、执行和落实相应的政策来改善人们的生活。

弗雷德里克森指出："社会公平包含着对包括组织设计和管理形态在内的一系列价值取向的选择。社会公平强调政府提供服务的平等性；社会公平强调公共管理者在决策和组织推行过程中的责任和义务；社会公平强调公共行政管理的变革；社会公平强调对公众要求作出积极的回应，而不是以追求行政组织自身需要满足为目的……总之，倡导公共行政的社会公平是要推动政治权力以及经济福利转向社会中那些缺乏政治、经济资源支持、处于劣势境地的人们。"①

二、他山之石：西方国家促进就业公平的政策

（一）西方国家就业援助政策方案

1."培训援助＋职业指导援助"的英国模式

英国就业援助主要包含两个内容：一是培训援助，二是职业指导援助。通过这两方面的就业援助为就业者提供专业的、有针对性的技能培训以及就业指导服务。

首先，培训援助。在英国，培训援助主要包含以下内容：就业职业培训主要针对的群体是失业在 6 个月以上的求职者，年龄在 18~59 岁，如果失业者失业半年以上或者身患残疾有优先培训权。为了保证培训援助的顺利实施，英国还配套了完备的保障措施，涉及管理服务方面、法律支持方面、师资建设方面、资金保证方面等。具体来说，一是在管理上建立了完善和健全的管理机构，并且建立起管理制度和相应的考核机制，主要衡量标准是培训质量；二是对培训援助的资金支持力度不断加大，积极拓展资金、经费的来源；三是提高培训师资的水平，加强培训的能力，不断完善和改革教学内容和教学方法，将培训的内容和生产实践相结合。

其次，职业指导援助。在英国就业指导援助的主要内容有两方面：一是职业指导，二是职业介绍。对于失业在三个月以上的失业者来说，职业指导主要就是为了帮助失业者找到自己求职的方向、对自己未来职业的发展和职业技能的提升有一个明确的认知。针对失业在六个月以上的失业者来说，职业指导主要是帮助失业者对当前自身的职业技能和职业素养进行剖析，为失业者提供职业技能培训，提升自身的竞争能力。针对失业十二个月以上的失业者，职业指导主要是协助失业者对求职目标进行明确，可以采取有效的措

---

① 靳凤林.效率与公平：现代行政的价值尺度[J].南昌大学学报（人文社会科学版），2013，44（05）：1-8.

施帮助失业者更新求职技能，提升就业竞争力。职业介绍援助主要是职业介绍服务中心通过各种形式，以失业者的职业兴趣为依据，为失业者提供具有可靠性和针对性的具体就业岗位信息，就业指导工作也会以此为依据帮助失业者确定自身的求职方向和求职目标。

2.“培训援助＋岗位援助”的美国模式

美国就业援助的内容包括培训援助和岗位援助两个方面。

首先，培训援助。美国的培训援助主要的内容包括：立足于人力资源开发的视角，对失业人员和劳动者的就业能力和职业素养进行提升，帮助失业者尽快回归工作岗位。美国对于立法工作非常重视，在培训援助方面的立法主要有《就业训练合作法》《工人调整和再就业培训通知法》等，具体而明确地对培训援助的相关事宜进行了规定，培训援助的主体是政府与私人机构共同合作开办的，联邦政府主要负责向培训援助项目提供资金，不直接参与培训援助。

其次，岗位援助。美国的岗位援助主要有三种形势：一是美国政府对产业机构进行优化、不断发展经济来为社会创造更多的就业机会。二是大力扶持中小型企业的发展，中小型企业具有超强的吸纳就业人口的能力，因此，可以实现社会就业的不断扩大。三是政府直接创造就业岗位，政府通过实施公共就业计划、建设公共基础设施，直接在劳动力市场创造就业岗位；政府内部扩大就业岗位，在劳动力市场中，政府作为购买方和雇主直接对就业者进行招聘，实现就业机会的创造。

（二）西方国家就业扶助政策启示

在西方，社会、政府、公众面对不断变化的政治、经济、社会的发展，对就业援助不断进行研究和思考，主要目的就是保证社会弱势群体的就业，保证社会朝着公平的方向发展。我国可以借鉴和学习这些先进的经验和措施，这对我国的贫困生就业扶助政策的改革和完善有着积极的作用。

1. 政府重视就业扶助政策的制定和实施

在西方国家，弱势群体的就业情况不仅影响着一个国家经济的增长和社会的发展，还与政府的形象密切相关，甚至会影响选情，基于此，对于劳动者的就业问题政府非常重视，尤其是劳动者的失业问题。在西方，有的国家将就业问题放到了宏观调控的政策之中，有的国家在法律上对就业扶助的具体措施和责任进行了明确规定。美国出台了《就业法》，在该法律中，对政府促进就业和平衡失业方面的职责进行了明确规定；英国为了促进就业，扩大了政府在就业方面的干预，为社会群体创造出更多的就业机会。我国是世界上最大的发展中国家，因此，对于弱势群体的就业扶助的力度应该加大。除此之外，还需要对就业扶助政策与其他政策的配套实施问题进行综合、科学的考量，不仅需要在宏观上减少失业的数量，充分发挥政府在宏观政策上的把握和决策作用，而且还需要综合考虑本国的经济发展形势、经济结构等相关问题，通过经济转型、调整经济结构来解决结构性失业。

2. 社会组织和机构在就业扶助政策实施过程中要发挥作用

通常情况下，政府直接提供就业扶助的方式会产生效率不高的问题。对此，在西方的就业扶助体系中社会组织和民间机构承担着重要的社会责任，也充当重要的角色。例如，在美国，各地方政府和私人机构一起开展培训援助；在日本，就业援助的开展也需要以企业为依托。

由于国情不同，经济的发展状况也不同，在我国，民间机构和社会组织并不发达，这就导致在就业扶助政策的制定以及实施过程中社会组织和民间机构可以发挥的作用非常有限。面对这样的情况，我国应该积极鼓励民间组织和社会组织参与就业扶助工作。因此，在政府的主导下，我国应充分调动和发挥这些组织和机构的积极作用，为大众提供更加积极的、更加高效的、更加专业的就业扶助服务。

3. 加强对弱势群体的培训和就业指导

摩擦性失业主要是因为弱势群体缺乏就业能力导致的，因此，需要对弱势群体加强就业能力的培训，提高弱势群体的就业技能和就业水平。英国建立了职业指导体系，通过该体系帮助就业者根据自身的情况制订相应的就业方案，为就业者提供就业培训。就就业指导的形式来说，主要有两种，一种是面向个体的就业咨询和就业辅导，根据求职者的情况进行一对一的指导和帮助，根据求职者的求职困难程度进行不同程度、不同方面的指导；另一种是面向大多数人的集中培训，也包含小型团体辅导。

就当前中国的就业扶助活动来说，开展的指导和相关培训活动具有一定的收益性质，这些培训活动的开展还需要媒体的助攻宣传，主要的形式是大规模的、讲堂式的培训，或者是广场式的群体咨询，这就导致就业咨询服务缺乏系统性和针对性，也没有从长远的角度进行思考。以上这些形式的就业扶助活动只是在表面上让就业者对就业的政策和方针有一个大体的了解，真正能帮助求职者就业的效果非常小，很难对求职者产生实际的帮助，因此，我国应向西方国家的就业帮扶政策和措施进行借鉴，不断完善我国的就业帮扶政策。

三、基于就业公平的大学生就业扶助政策选择

（一）有限政府下的大学生就业政策

在政策选择中，为了实现就业公平需要坚持一项基本原则，即"有限政府的有限责任"。政府在促进大学生就业中承担着不可推卸的责任，但是这个责任也是有限度的责任。公共政策成熟的市场经济情况下，需要考虑政府能力的有限性和权力的有限性，政府的干预手段并不是多多益善的，适度即可，因此政府应该有选择性地制定政策，有选择性地实施政策，这样，不仅能够保证就业政策的顺利实施，还能树立良好的政府形象和政府公信力。

中华人民共和国成立之后，在社会的不断发展过程中，我国的大学生就业制度发生了改变，由之前传统的计划模式中的、政府包办的"统包统分"变成了以市场为主导的市场模式，即"双向选择，自主择业"。在当前市场

化的就业环境和政策要求下，政府所承担的责任是有限责任。在大学生就业上，政府将"完全绝对的权力"分给了人才市场、用人单位以及学生自身，政府自己保留了"有限的相对的权力"。大学生和用人单位在市场主导下的"双向选择、自主择业"中实现了择业自主权和用人自主权。大学生就业难的原因不是单一的，是不断变化和多样的，可能是社会和政府的原因，可能是学校的原因，可能是劳动力市场或企业的原因，可能是大学生自身能力的原因。因此，我们可以明确政府在就业市场中的作用不是万能的，政府的能力也是有限的，这就导致了政府的权力也是有限的。

（二）基本公共服务均等化视域下的就业公平

基本公共服务均等化指的是政府所提供的、社会成员都可以享有的有关生存和发展的、均等的、最为基本的公共产品和公共服务。政府所提供的公共产品和服务要体现公平正义的原则，要与经济社会的发展阶段和发展水平相适应。基本公共服务均等化要努力实现以下均等：一是全体公民均等享有基本公共服务的机会；二是在结果上，全体公民享有基本的公共服务机构基本一致；三是在为社会成员提供基本公共服务的过程中，尊重社会成员的意愿和选择。基本公共服务均等化主要包含以下几个方面：公共事业性服务、基本民生性服务、公共安全性服务、公益基础性服务以及一般性公共服务等，其中基本民生性服务中就包含就业服务。

基本公共服务均等化在就业方面的体现就是就业公平。当今社会是法治社会，在社会领域中，平等原则的重要体现就是就业公平，就业公平也是维护社会公平正义、维护社会和谐稳定的必然要求。就当前来说，政府应该着手加大对社会就业资源共享机制的建设，逐步实现全社会共享体制内的就业机会，保证待遇高、发展前景好的职业不再是少数人的专有，在全社会营造一种公开、透明、公平竞争的就业环境。

（三）建立公众参与政策制定的有效路径

为了弥补政府决策的有限理性，需要公众参与政策的制定。公众参与政策的制定，对于公众来说，可以表达自己的意愿和偏好；对于政府来说，可以减少政府收集信息、辨别信息的经济和时间成本，可以尽最大可能保证收集的信息是确切的，减少信息在传递过程中的失真。除此之外，公众参与政府的决策还能有效降低政府在制定过程中的不确定性的因素，可以将公众的意愿和想法及时传递给政府，对于政策目标的理解，也能通过公众参与政府决策中体现出不同的阶层和利益群体的意愿。公众参与政府决策的过程也是一个公众与政府互相博弈的过程，在博弈中协商、谈判，生成最终的政策方案。

公众也需要参与到贫困生就业扶助政策的制定之中。在贫困生就业扶助政策制定的过程中，一方面需要专业性的专家和学者对效率与公平的相关内容进行阐述，需要政策的主要实施者对当前的社会环境做出具体的分析；另一方面需要普通大众对公平正义进行具体的描述，需要贫困生这个群体对当下自身所处的境况进行思考和分析。只有这样，才能将各个层级、各个利益群体的意思进行综合性的表达，才能保证政策的内容具有客观性、公正性。

（四）多元主体的就业扶助成本分担策略

高等教育属于准公共产品，受教育者本人、高校、用人单位、政府等都是受益的主体。参照能力分担原则与利益获得原则，就业扶助成本的具体分担主体应该是高等教育人才培养的收益方以及大学生就业的收益方。

1. 政府是就业扶助成本的主要负担者

从总体上来讲，高等教育是一种准公共产品，与公共产品的外部效应不同，高等教育的外部效应非常的显著，衡量一个国家综合国力的重要标准之一就是高等教育的发展水平。高等教育不仅具有人才培养的功能，还具有科学研究的功能和社会服务的功能，高等教育所具有的这些功能已经成为一个国家或者地区科技创新、经济社会发展以及开发利用人力资源的重要动力。高校培养的人才最终走上社会，推动着社会经济的发展，为科技创新、文化传承、文化创新作出了重要的贡献，这也是科技是第一生产力的具体表现，同时也是人才是第一资源的具体体现。政府是高校的人才培养的受益者，也是贫困大学生就业扶助政策的受益者，因此，应该主要承担就业扶助的成本。

2. 用人单位是就业扶助成本的重要分担者

高等教育人才培养的受益者之一是用人单位，用人单位也是直接受益者。当下，我国社会处于经济转型和发展的关键时期，是社会转型的重大战略机遇期，用人单位在这样的大环境下，其核心竞争力是科技和人才。高校毕业生到用人单位进行就业可以为其创造出附加值较高的经济收益，提升用人单位的市场竞争力。因此，从这一层面上讲，用人单位也应该承担起一定的社会责任，成为大学生尤其是贫困生就业扶助成本的重要分担者。

3. 高校是就业扶助成本的重要补充者

高等教育的主体是高校毕业生，同时高校毕业生也是高等教育的产品。在校期间，学生向学校缴纳一定的学费，这是高校重要的经济收入之一。高校毕业生在完成学业后，顺利走上社会，完成就业，获得职业的发展，不断提高社会地位，这也会为高校带来一定的社会美誉度，进而在生源上会更加优质，形成良性循环。因此，为了高校的可持续性发展和良好的社会评价，高校应该保证毕业生可以实现顺利、充分、满意的就业，因此，高校应成为贫困生的就业扶助成本的重要补充者。

第八章 高校贫困生就业资助的运行机制

本章主要论述高校贫困生就业资助的运行机制，介绍了三个方面的内容，分别是高校贫困生就业资助机制的现状与成效、高校贫困生就业资助机制的问题和高校贫困生就业资助机制的优化对策。

第一节 高校贫困生就业资助机制的现状与成效

目前，在大学的贫困生就业资助中，主要有来自政府的贫困生一次性补贴和学校提供的"双困生"补贴，以及社会公益提供的就业补贴三类。这三类就业资助降低了贫困生的求职成本，提高了贫困生就业竞争力，缓解了贫困生就业心理压力，总体上起到了积极作用。

一、高校贫困生就业资助的来源与措施

第一，政府求职补贴。在党的十九大报告中习近平总书记指出，就业是最大的民生。高校大学生的就业事宜影响着社会的和谐与稳定，影响着社情民心。基于精准扶贫的社会背景，当前就业工作的重点和难点是高校贫困生的就业问题。为了解决这一问题，政府出台了很多与促进高校贫困毕业生就业的相关就业政策和扶助政策。各高校要建立相应的贫困毕业生就业信息数据库，对贫困生的个人情况以及家庭的情况进行了解和掌握，以便有针对性地进行专业的就业指导活动和服务，可以为贫困毕业生提供求职补贴、岗位推荐、专场招聘会服务，也能为其提供就业指导、技能培训等帮助，并且要对贫困毕业就业情况及时跟踪，实行动态管理，完善一对一的帮扶机制，做

到精准扶助，精准发力，一个都不能少①。

第二，学校提供的"双困生"专项就业扶助金和"一对一"就业帮扶措施。高校应高度重视贫困毕业生的就业工作，并为"双困生"，即家庭经济困难且就业困难的毕业生提供专项就业扶助金。在"双困"毕业生完成建档之后，学校每年会为这批学生群体开设专门的求职辅导讲座，并且为每一个人提供求职启动经费，主要是通过发放现金的形式来实现。求职启动经费主要用来进行简历制作、购买参加招聘会的服装费、支付参加培训和考证的报名费用、支付入职体检费用等，对于需要进行跨地区参与招聘活动的学生，高校也会对往返两地之间的求职交通费进行补贴。

二、高校贫困生就业资助的成效

第一，降低了贫困生求职成本。大学生的求职成本一般包含服装费，简历、证书、奖状、自荐信的制作打印费，外出求职的交通住宿费，入职体检费等。这笔费用对贫困生来说是一笔不小的开支。多数贫困生不愿意向家庭伸手，只能尽量减少求职支出，甚至是放弃一些好的求职机会。按照政府、学校和社会机构的就业资助力度，高校贫困生的就业资助金理论上最低可申领 400 元，最高合计可申领 5000 元。总的来看，就业资助金基本上可以覆盖贫困生的就业支出。就业资助最直接的作用是降低了贫困生的求职成本和经济顾虑，也使他们能增加就业投入，以提升就业竞争力，增强就业信心，这对求职成功具有重要作用。

第二，缓解贫困生就业心理压力。与非贫困生相比，贫困生所表现出的就业心理压力问题更多、更复杂。大部分贫困生会表现出就业焦虑。高校贫困生通过一系列就业扶助措施，对就业环境、就业政策、求职常识等有了一定的了解，也增加了就业投入，充分缓解了他们的就业心理压力。

① 国务院办公厅.国务院办公厅关于做好 2014 年全国普通高等学校毕业生就业创业工 作 的 通 知 [EB/OL].（2014−05−13）http://www.gov.cn/zhengce/content/2014−05/13/content_8802.htm.

第二节　高校贫困生就业资助机制的问题

高校的就业资助机制固然取得了相当的成效，但同时也存在一些问题。这些问题主要表现在以下几个方面。

第一，贫困生就业资助资金发放滞后，资助面有待拓宽，不完全合乎"发放精准"和"力度精准"的精准资助要求。就业经济资助对降低贫困生就业成本具有重要作用，但在调查中发现，不论是政府、高校，还是慈善基金会的就业经济资助，发放都存在滞后性，难解贫困生的燃眉之急。各高校自行设立的专项就业扶助资金，发放时间也存在差异，但也是在毕业当年发放。

第二，工作衔接滞后，贫困生就业资助缺乏部门协调。高校贫困生的就业扶助工作应是一个全员参与的工作，需要学院、学校各个主体进行通力合作，根据每一位贫困生的具体情况，实施针对性的帮扶。从整体上来看，各个学校的分工具有相同点，学生资助工作主要由学生工作处来负责，学生的就业工作主要由招生就业处来负责。在每一年的九月新生入学的时候，新生的贫困生建档工作就会启动，主要是由学生工作处的学生资助管理中心来负责，主要内容是申报和发放国家助学贷款、助学金、奖学金以及困难补助。但是在贫困生大四的时候，招生就业处才开始搜集"双困生"信息，着手就业资助和帮扶，不但引起了就业资助发放的滞后，而且也缺乏充足时间培育贫困生的就业竞争力，此外，还容易引起重复资助，使资助分配旱涝不均。这表明，高校贫困生前期资助和后期就业扶助未能有效衔接、形成连续动态的资助，进而影响了就业资助成效。

此外，学院就业帮扶工作也存在类似情况，首先是所有的帮扶措施都在大四才开始展开，其次是各学院之间很少联系互动，贫困生信息和就业资源没有实现共享，可能导致贫困生资助信息存在误差，降低了就业资助效率。

第三，贫困生就业扶助缺乏社会参与。政府和高校在贫困生就业扶助工作中起着主导作用，但各类社会组织、企事业单位也应加入贫困生就业扶助的队伍中，才能进一步做好此项工作。例如，慈善基金会每年资助几十所高校的几千名贫困生就业，社会效益相当显著；又如，与高校提供的职业规划、就业指导课程相比，一些企事业单位的人力资源管理人员长年从事人事管理，更清楚社会需求和招聘要求，由他们提供的就业指导更加务实"接地气"，对贫困生求职的作用更为明显。因此，高校应主动出击，积极引导社会力量为高校贫困生就业扶助服务。但就现状而言，类似于慈善基金会的社会组织还很少，有的企业在招聘时虽然有贫困生招聘计划，但都有一些诸如生源地方面的限制条件，专门扶助贫困生就业的社会资助更是寥寥无几。

第四，部分贫困生认识不到位，面对就业资助态度消极。贫困生就业资助的目的就是为了促进贫困生就业，而贫困生作为受助者，理应积极参与，充分发挥受助者主体功能。但在调研中发现，部分贫困学生面对就业资助态度不端正，或存在消极情绪。

首先，面对就业专项资助，有些贫困生认为它和一般的贫困资助没有差别，"不拿白不拿"，于是不管是否合乎条件，先申请了再说；如果因为不具备条件而未获资助，还会存在不满情绪，认为资助不公；还有些得到资助的学生，对于资助金的使用缺乏合理规划，导致就业资助款未能发挥应有的效用。

其次，对于非经济性的就业帮扶措施，有些贫困生则表现出无所谓的态度，于是对学校安排的就业指导课程和讲座选择逃课或敷衍了事；对于慈善基金会的就业培训，则认为这只是经济资助的附加条件，能不参加就不参加；还有的学生，从不参与就业培训，整日盲目穿梭于各大招聘会之间，却收获甚少。

第三节　高校贫困生就业资助机制的优化对策

高校大学生就业已是全社会关注的问题，而作为弱势群体的高校贫困生，其就业更需要各方的关心与资助帮扶。虽然近年来高校贫困生的就业资助工作取得了一定成效，但还是存在着不少问题，需要政府、高校、社会各界和贫困生自身采取相应措施，优化就业资助机制，提高就业资助成效。

第一，应完善相关政策，建立评价、监督和激励机制，加大资助与宣传力度。面对严峻的就业形势，高校贫困生就业是政府就业工作的重中之重。为此，国家也出台了一系列政策要求加强对贫困生的就业帮扶，但具体到由谁负责实施和反馈，如何评价、监督和激励等却没有明确说明，这表明相关政策机制应进一步完善细化。

首先，政府可建立高校贫困生就业扶助评价、监督和激励机制。今后可将高校贫困生就业情况纳入高校工作评价体系，高校发布的毕业生就业质量报告也应将之单列为评价指标，以此来宣传和落实相关的政策。同时也可以成立和指定专门的部门，通过定期检查以及不定期的抽查方式来监督相关工作的进展情况，对于开展过程中出现的问题进行及时反馈和解决，以保证贫困生就业扶助工作在实施过程中的实效性和合理性。对相关工作中表现积极、成果突出的学校、部门和个人，应给予一定的经济和精神奖励；对于表现懈怠的部门或高校，也应给予相应的惩罚。

其次，针对贫困生反映的突出的政府就业资助发放滞后、覆盖面不足的问题，政府应整合各方力量，增加财政投入，力求对有需求的贫困生实现全覆盖，保证就业资助及时足额发放；同时，根据地方经济发展和物价水平，实现就业资助的同步增长；此外，还应简化不必要的申请、审批流程，避免材料的重复提交。对于尚未就业的离校毕业生，政府应该做好与高校的关于尚未就业的学生的信息对接工作，不断关注毕业生后续的就业情况，为尚未就业的毕业生提供后续的就业指导和技能培训服务，为了保障其基本生活可以发放一定的生活补助。

第二，高校实行全程全员系统化管理。要保障高校贫困生就业扶助工作有序地开展，高校应发挥主体作用。

首先，贫困生就业扶助工作应该落实专人负责制，从班级到院系再到学校形成一个联动的、系统的就业保障机制。在大学生刚刚入学的时候，可以以班级为基本单位，组建贫困生就业扶助工作小组，主要由辅导员和班干部负责，对贫困大学生的基本个人情况和家庭情况进行了解，及时向贫困大学生传递就业政策和就业方针，对贫困生关于就业的预期和就业的担忧进行了解，在进行了解之后形成班级信息统计表，这个表就是后续就业援助工作的开展依据。之后由专人负责全院系的贫困生的个人档案汇总工作，再由学校指定专门的人员进行全校的汇总，建立校级贫困生档案，以此形成系统化、全面化的信息汇总，为后续的动态管理贫困生就业打下基础，方便之后的就业资助工作。校内专职的就业指导老师可以组成专门的贫困生就业扶助小组，也可以由校外聘请的专职就业指导老师进行指导。贫困生就业扶助小组需要对贫困生的就业情况进行实时指导，从整体上和宏观上对贫困生就业的情况进行把握，在贫困毕业生遇到就业困难的时候及时给予帮助；同时还需要加强对贫困生就业扶助小组成员的监督和管理，加强沟通。贫困生就业扶助小组应该根据贫困学生具体的情况为其提供专业的、具有针对性的就业指导服务。

其次，高校应该不断深化和丰富资助的内容。对于贫困生的就业资助主要包含两部分：一是经济资助，主要是为了解决贫困生求职就业过程中所遇到的经济困难，解决贫困毕业生的经济压力；二是就业帮扶，主要为帮助贫困毕业生提升就业能力。高校应该尽可能满足不同贫困生在不同情况下的就业指导需求，因此需要不断深化和丰富贫困生就业扶助内容。

最后，实施针对性的贫困生就业心理辅导。与非贫困生相比，贫困生心理问题更为突出，容易影响贫困生的顺利就业。在扶助贫困生就业时，应有针对性地实施贫困生就业心理辅导。学校、学院应重视对贫困生的日常就业心理辅导，通过建立专门的心理咨询中心，开设心理健康教育课程，举办就业心理辅导讲座等方式帮助贫困生正确看待就业问题，树立正确的就业观、择业观，努力提高自我心理调适能力，引导贫困生在面对就业困难时积极求助，提高挫折应对能力；同时，要充分发挥班主任、辅导员和班干部的作用，主动关心贫困生就业思想动向，及时发现问题，提供"一对一"的就业心理辅导，让贫困生感受到关爱，辅助他们认清问题、寻找方法积极解决问题。

第三，积极引入社会力量。高校贫困生的就业帮扶工作只有在得到社会各界的积极支持和帮助之下，才能更好地促进贫困生的顺利就业。具体来说，可以从以下几个角度切入。

首先，鼓励社会各界关注贫困生的就业帮扶工作，加大激励的力度。一方面，政府应重视培育教育捐赠和公益意识，并研究制订适应我国国情的教育捐赠激励与财政配比制度，同时借鉴国外先进经验，规范教育捐资行为和资金分配、使用与监督制度等，以提高对社会人士参与高校就业资助的激励力度，改进高校对就业资助资金的管理使用水平，从根本上解决贫困生就业资助社会投入不足的问题；另一方面，在信息时代应充分借助社会媒体的作用，引导更多的社会人士积极参与到扶助贫困生就业的队伍中来。

其次，加强企业与高校的合作，对合作的模式进行探索，不断创新，为贫困生就业提供更多的机会。高校可以寻找一些具有社会责任意识的企业和具有规范化管理的企业，与这些企业进行合作，为贫困生提供实习和勤工助学的机会，让贫困生在社会实践中既能解决自身的经济困扰问题，也能够提前对就业有所了解，克服就业的恐惧心理，发现自身的不足，不断提升自身的就业能力和水平，提高自身的就业竞争能力。除此之外，高校还可以邀请企业中的人力资源管理者和其他的管理人员来校进行就业指导；与一些企事业单位建立起"订单式培养""产学研合作"的合作模式，根据市场的需求来培养人才，在此基础上实现贫困生、企业、高校的合作共赢。

第四，贫困生自身端正就业态度。贫困生对就业帮扶工作的态度不端正和消极态度，很大程度上源于其认识不到位。有的贫困生认为，只要学习成绩好，就不愁就业；有的贫困生夸大了经济条件和社会资本的作用，认为自身就业资源不足，就业帮扶注定无济于事；还有的贫困生心理脆弱，认为就业关键在于自身能力和长期努力，就业帮扶是"临时抱佛脚"；甚至还有的贫困生，就业存在"等靠要"思想；等等。这些都导致了其态度和行为的扭曲。因此，贫困生应端正自身态度，积极培养就业竞争力。

首先，树立正向的价值观、就业观。就业资助是贫困生就业的催化剂，其作用是建立在贫困生就业自主的基础之上的，所以自身努力才是实现成功就业的决定性因素。因此，贫困生应明确自己的奋斗目标，摆脱"等靠要"思想，及时做好职业生涯规划，不好高骛远，不妄自菲薄，主动出击，积极寻找实习就业机会，敢于面对各种就业难题，加强社会沟通交流，调整自己的就业心态，这样才能成功就业。

其次，贫困生应该积极参与可以提升自身就业竞争能力的活动。就业竞争的市场非常激烈，用人单位将学生的综合能力当作录取标准之一，与其他群体相比，贫困生在综合能力这方面并没有很大的优势，甚至可能成为劣势，这就要求贫困生在就业之前尽可能提升自身的综合能力和水平，以便在就业过程中抢占先机。

参考文献

[1] 罗筑华. 贫困大学生就业增权的维度、模式和策略 [J]. 现代教育科学，2021（03）：115-119.

[2] 郭元凯. 建档立卡贫困大学生创业实践及提升路径 [J]. 青年探索，2020（03）：46-54.

[3] 周宇香. 家庭因素对建档立卡贫困大学生就业发展的影响 [J]. 青年探索，2020（03）：55-64.

[4] 李振成，潘华莹. 贫困大学生就业指导工作中思想政治教育方式研究 [J]. 青年与社会，2020（13）：127-128.

[5] 肖云珠. 贫困大学生就业精准帮扶研究 [D]. 衡阳：南华大学，2020.

[6] 罗晓芳. 高职院校贫困大学生就业精准帮扶路径研究 [J]. 中阿科技论坛（中英阿文），2020（04）：172-173.

[7] 杨柳. 基于自我效能感视角探析高校贫困生求职帮扶策略 [J]. 就业与保障，2020（05）：141-142.

[8] 池晶，杨梅娜. 精准扶贫视域下地方高校贫困大学生创新创业教育 [J]. 智库时代，2020（09）：45-46.

[9] 李海燕. 高校辅导员就业创业指导能力提升路径与方法研究 [J]. 今日财富，2020（02）：26-27.

[10] 盛涛，杨静逸. 教育扶贫视域下贫困大学生思想政治工作探析 [J]. 教育现代化，2019，6（A5）：276-278.

[11] 黄路阳. 精准扶贫背景下贫困大学生救助体系研究 [J]. 安康学院学报，2019，31（06）：115-119.

[12] 王树智. 心理资本视角下贫困大学生就业能力的影响因素研究 [D]. 天

津：天津大学，2019.

[13] 孙海涛.高职贫困大学生心理健康状况及精准帮扶研究 [D].南宁：南宁师范大学，2019.

[14] 黄志丹.广东省高职院校贫困大学生就业帮扶问题研究 [D].南昌：江西财经大学，2019.

[15] 罗筑华.贫困大学生就业能力提升研究 [J].企业科技与发展，2019（11）：225-226.

[16] 罗筑华.贫困大学生就业指导研究的现状、重点与难点 [J].新西部，2019（30）：128-129.

[17] 黄韬.建档立卡户贫困大学生的就业策略 [J].西部素质教育，2019，5（17）：202-203.

[18] 孙雪飞.基于结构方程的贫困大学生资助政策效果提升路径研究 [D].北京：北京交通大学，2019.

[19] 李斐.大数据时代贫困大学生就业观的变化研究 [J].电子世界，2019（14）：55-56.

[20] 郭亮.精准扶贫视域下贫困大学生就业创业反馈机制 [J].湖北开放职业学院学报，2019，32（13）：10-11.

[21] 王丹.新时期我国大学生精准就业帮扶干预机制跟踪研究 [M].长春：吉林大学出版社，2021.

[22] 陈强.高校就业毕业生困难帮扶体系研究 [M].长春：吉林人民出版社，2018.

[23] 张洪杰.高校就业困难学生帮扶工作的理论与实践 [M].长春：东北师范大学出版社，2016.

[24] 季俊杰.中国高校贫困生就业问题研究 [M].北京：经济科学出版社，2021.

[25] 彭仲生，罗筑华.贫困大学生就业问题研究 [M].武汉：武汉大学出版社，2014.

[26] 罗筑华.贫困大学生就业增权研究 [M].北京：九州出版社，2017.

[27] 田恩舜 . 离校未就业高校毕业生就业援助制度研究 [M]. 北京：科学出版社，2017.

[28] 彭仲生 . 增权理论视阈下贫困大学生多元就业援助体系的建构 [M]. 北京：光明日报出版社，2014.

[29] 杨德敏 . 就业援助法律机制研究 [M]. 北京：中国法制出版社，2012.

[30] 钟云华 . 贫困大学生就业质量提升研究基于社会资本的视角 [M]. 北京：中国社会科学出版社，2021.